平安里学校校本课程系列

信息学奥赛
算法解析

白净 程洁 / 主编

沈阳出版发行集团
沈阳出版社

图书在版编目（CIP）数据

信息学奥赛算法解析 / 白净，程洁主编. — 沈阳：
沈阳出版社，2021.1
ISBN 978-7-5716-0896-5

Ⅰ.①信… Ⅱ.①白… ②程… Ⅲ.①程序设计—中
学—教材 Ⅳ.①G634.671

中国版本图书馆CIP数据核字（2020）第201450号

出版发行： 沈阳出版发行集团｜沈阳出版社
（地址：沈阳市沈河区南翰林路10号 邮编：110011）
网　　址： http://www.sycbs.com
印　　刷： 北京政采印刷服务有限公司
幅面尺寸： 170mm×240mm
印　　张： 15.25
字　　数： 275千字
出版时间： 2022年6月第1版
印刷时间： 2022年6月第1次印刷
责任编辑： 马　驰
封面设计： 言之凿
版式设计： 李　娜
责任校对： 王玉位
责任监印： 杨　旭

书　　号： ISBN 978-7-5716-0896-5
定　　价： 45.00元

联系电话： 024-24112447
E－mail： sy24112447@163.com

本书若有印装质量问题，影响阅读，请与出版社联系调换。

目录
CONTENTS

第一课 一个微小的开始……

伟大的成功总是从一个微小处开始。如果你是第一次学习编程，请坚持仔细阅读完后面的文字；如果你已经有一定的基础，可以跳过本课，从下节开始看起。现在，一起来看看这个"开始"吧。

【问题描述】

输入两个整数a，b，输出它们的和(|a|，|b|<=10^9)。

注意：pascal语言使用int类型会爆掉哦！有负数哦！

C/C++的main函数必须是int类型，而且最后要return 0，这不仅对洛谷（专供编程练习的平台）其他题目有效，而且也是全国青少年信息学奥林匹克联赛（简称NOIP）和全国青少年信息学奥林匹克竞赛（简称NOI）的要求！

【输入格式】

两个整数以空格分开

【输出格式】

一个数

【输入样例】

20 30

【输出样例】

50

【程序实现】

```
#include <iostream>
using namespace std;
int main()
 {
```

```
    int a, b;
    cin >> a >> b;
    cout << a+b;
    return 0;
}
```

首先，大家可以像翻译英语课文一样，尝试翻译和猜测这段代码每句话的意思。建议大家在今后的学习中，注释每段代码的含义，这样做能够加深你对代码的理解，减少代码书写过程中的逻辑错误。

言归正传，分析一下这段程序吧，还记得小时候第一次拆装家里的玩具吗？学习程度就像小时候拆装玩具一样，从删除"#include <iostream>"这句开始，一步一步体会每行语句的作用。当我们删除了"#include <iostream>"之后，程序竟然无法正常运行了，编译器给出的错误原因是不知道cin和cout是什么。大胆猜测吧，没错，cin和cout的意义肯定和删除的语句有关。在iostream中，存放了关于cin和cout的定义，什么是定义，简单来说，就是告诉计算机cin和cout究竟是什么。那么，cin和cout究竟是什么呢？in和out这两个单词大家肯定不会陌生，那input和output呢？对，是输入和输出，在这里，cin和cout表示C++中的输入和输出语句。

接下来的语句是"using namespace std;"，这句话告诉计算机代码中的定义都来自C++标准库std。怎么理解呢？就好像上海和深圳都有一条叫作北京路的路段，当你向别人提及北京路时，为了不让听者混乱，你要告诉他，你说的是深圳的北京路，这样，别人才不会理解错误。"using namespace std;"的意义正是如此。

然后，我们碰到的语句是"int main(){}"，我们把它称作函数，main函数是所有程序执行的起点，main函数中存放着程序主要的执行过程。学习编程的好习惯之一，阅读程序，请先从main函数开始读起，就像要了解一本书的内容，可以先从目录读起一样。关于"int main(){}"中的int，在这里限定了函数的返回值一定要是整数类型。关于函数的知识，在后期的学习中会详细说明。"int a，b;"对应着题目中所说的两个整数a和b，a和b类似于数学中的未知数，而int则限定了a和b只能表示整数的未知数，或者说，a和b是两个容器，这两个容器只能装整数，装别的东西进去就会出问题。

　　程序执行到这里，仅仅为我们准备好了容器，下面我们要做的，正如题目所说的那样，需要从键盘上为a和b输入两个整数，"cin >> a >> b;"实现的正是这个功能。最后，程序利用输出语句cout和<<操作符，把a+b的结果显示出来，大家特别要注意输入和输出操作符的方向。当整段代码正常运行完毕时，"return 0;"语句会以0为标识符，告诉我们程序已经正常执行完毕了。可以没有这句话吗？不行。还记得"int main(){}"中的int吗？它限定了函数一定要有返回值，并且返回值一定是整数。特别注意，程序的正常运行并不代表运算的结果一定正确，看到这里，我想，你已经想要尝试这个"微小的开始"了。第一次写编程代码肯定不会一帆风顺，坚持永远比方法重要，不要轻易尝试用复制、粘贴代替你的打字，谁说伟大的成功不是从一个"微小"处开始的呢？

第二课 简单的计算

直接从问题开始，试试用上节课的方法，分析下面的题目，找出解决办法。

【问题描述】

输入三个小数，求它们的平均值并保留此平均值小数点后两位数，再对小数点后第二位数进行四舍五入，最后输出结果。

【输入格式】

三个小数以空格分开

【输出格式】

一个数

【输入样例】

3.11 3.13 3.16

【输出样例】

3.13 3.1

【程序实现】

```cpp
#include <iostream>
#include <cstdio>
using namespace std;
int main()
{
  float a, b, c, average;
  cout << "Enter a, b, c:" << endl;
  cin >> a >> b >> c;
  average = (a + b + c) / 3;
```

```
    printf("%0.2f\n", average);
    printf("%0.1f\n", average);
  cout << average << endl;
}
```

运行效果如下：

```
Enter a,b,c:
3.11 3.13 3.16
3.13
3.1
3.1

Process returned 0 (0x0)   execution time : 26.523 s
Press any key to continue.
```

问题解析：如果换成数学问题，平均值的计算结果是3.133333…，第一问的结果是3.13，第二问的结果是3.1。这里四舍五入的运算规则不做过多赘述，就程序设计而言，处理四舍五入可以有两种方法。

第一种，使用C语言中的输出语句printf函数帮忙，利用格式"%0.2f"限定结果四舍五入后，以保留小数点后两位的形式显示。我们来看看对输出结果的显示和限定，printf函数和上节课的起点函数main不同，printf函数需要我们填入参数，以告诉计算机显示的内容。如果仔细观察，你会发现main函数"int main()"括号内什么都没有；而printf函数"printf("%0.2f\n", average);"括号内有两部分内容，这两部分内容由逗号分割，你能自己写一写这两部分内容吗？这两部分分别是"%0.2f\n"和average，"%0.2f\n"限定了显示的格式，结果一定以小数形式显示，并且仅显示小数点后两位，average则限定了显示的内容，\n是一个转义字符，代表换行，当前结果显示完毕后，光标移至下一行。

如果题目中有特殊的规定不允许使用printf函数，可以使用第二种思路来求解问题。首先四舍五入是针对0、1、2、3、4、5、6、7、8、9这10个数字而言，实现四舍五入要处理好两个问题：第一个是进位问题，第二个是舍去问题。如何进位？我们考虑十进制的进位规则，满十进一，5、6、7、8、9这5个数字在十进制下没法进位，但是只要把这5个数字都加5，即可满足十进制的进位要求。0、1、2、3、4这5个数字加5之后，十进制下仍然不满足进位要求。因此，我们可以在对应的小数位上加5之后，舍去无关的小数位以此实现四舍五入。

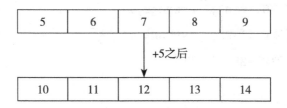

以3.456保留小数点后两位为例，首先将3.456乘以100得到345.6，然后将345.6加上0.5得到346.1，对346.1取整，舍去无关小数位得到346，最后用346除以100，将小数点移动至原位即可得到最后的答案3.46。关键代码如下所示：

```
float a = 3.456;
float b =(int)((a * 100) + 0.5) / 100.0;
cout << b << endl;
```

我们来聊一聊这段代码，有了上一节课的基础就不难想到 "#include <cstdio>"中，解释了关于printf函数的定义，除此之外，题目中还有一个细节问题对于初次编写代码的人来说很容易忽视，输入和输出的都是小数，并且小数的格式有限定，在变量定义时，"float a，b，c，average;"严格限定了四个变量都是"float"类型，也叫浮点数类型，来处理小数问题。在程序的运行效果中，如果我们输入整数3会自动转化为3.0保存至变量a中，整数类型会向浮点数类型转化，但浮点数类型无法向整数类型转化。

为了增加程序的可读性和交互性，程序中利用输出语句 "cout << "Enter a, b, c:" << endl;"给予提示：请为变量a，b，c赋值。但这样的提示并不是都需要的，如果在竞赛中，题目没有明确要求这样做，画蛇添足通常会让你失去本题所有的分数，提交答案前请仔细阅读竞赛的格式要求。

平均值的计算使用了表达式 "average = (a + b + c) / 3;"。表达式很好理解，在变量average中保存了a，b，c三个数的平均值，此处仍然有多个需要注意的地方，表达式中共有三种运算：赋值，加法，除法。运算都有优先级，类似于数学中的运算规则：先算乘除，后算加减，有括号先算括号内的。赋值运算的优先级较低，运算符号为"="，其作用是将赋值符号右侧的结果放入左侧的变量中，所以程序编写时，x=x+1这样的写法是完全正确的，当x的初值为1时，执行x+1，将x+1的值保存在x中，这时x保存的值为2。但在数学中，这样的写法就是完全错误的，在数学中，"="表示其左右两侧的内容在数值上相等，对x=x+1

进行化简以后，我们会得到1=2这样的结果。

这段程序在执行时，会按照语句出现的顺序逐条执行，我们通常把这样的结构称为顺序结构。生活中有很多顺序结构的例子，例如两杯水的交换，要想完成A、B两杯水的交换，需要借助第三个杯子C，首先，将A中的水倒入C中，然后将B中的水倒入A中，最后把C中的水倒入B中后，即可完成交换任务，你可以利用这个思路，写一段程序完成两个变量的交换吗？

看到这里，关于程序的解读暂时告一段落。是不是有一大堆的问题在你的脑海里浮现？没有关系，这是正常现象。正所谓"万事开头难"，说的就是你现在的感觉，在向他人求助之前，我建议你把这些问题记录下来，分类整理，自己动手修改你的程序后，看看能否验证你的猜想。

第三课　是否为闰年？

遇到新问题时，推荐大家用已经学过的知识尝试解决，这样做，你会发现自己的学习目标更加清晰，对将要学习的知识的理解也会更加深刻。

【问题描述】

输入一个年份，判断是否为闰年。

【输入样例】

2019

【输出样例】

2019年不是闰年

闰年的判断方法：四年一闰，百年不闰，四百年再闰。转换成数学表达式，如果输入的年份可以整除400，该年份是闰年；或者所输入的年份可以整除4，但无法整除100，也是闰年。在这道题中，有两个问题值得思考：第一，判断闰年的方法中，提到的"如果"该如何表达；第二，对于整除的判断该如何实现？

【程序实现】

```cpp
#include <iostream>
using namespace std;
int main()
{
    int year;
    cout << "输入年份:" << endl;
    cin >> year;
    if(year % 4 == 0 && year % 100 != 0 || year % 400 == 0)
```

```
    {
        cout << year << "是闰年" << endl;
    }
    else
    {
        cout << year << "年不是闰年" << endl;
    }
    return 0;
}
```

这个程序中有个关键语句"if(year % 4 == 0 && year % 100 != 0 || year % 400 == 0)"，把这个复杂的语句拆分一下，变成三个部分：第一部分是"if()"；第二部分是"year % 4 == 0 && year % 100 != 0"；第三部分是"year % 400 == 0"。结合前面所说的闰年判断方法，对这三个部分进行分析，if就是我们想要表达的"如果"，括号里放的是判断闰年的条件，如果满足判断的条件，则程序执行与if匹配的小括号内所有的语句，这里所有的语句只有一条，"cout << year << "年是闰年" << endl;"输出该年为闰年。当然，条件也有可能不满足，不满足时，则执行else后的语句，在读程序时，可以把else语句简单地理解为"否则"，一切不满足if条件的情况，都满足else语句。

接下来，我们看第二部分"year % 4 == 0 && year % 100 != 0"，这里对应在闰年判断中，输入年份是否可以整除4，但无法整除100的情况。语句中出现了两个新的运算符号。第一个是"%"，"%"表示求余运算，作用是判断是否能够整除，为什么已经学过的除法，没有办法解决整除的判断？除法关注的是用被除数不断减去除数，能减多少次的问题，而整除关注的是用被除数不断减去除数，是否恰好没有剩余的问题，所以用求余运算判断是否能够整除。"year % 4 == 0"表示的是，输入年份对4求余，结果是否为0的判断。%运算的作用还有很多，例如，对奇数的判断，x%2==1，或者写成x%2!=0，表达的都是同一个意思。

这里还要特别注意，"=="表示逻辑判断——是否等于，和前面学过的"="赋值运算是不同的，写程序时，这点很容易出错。"!="表示逻辑判断——是否不等于，"&&"表示逻辑运算——与。"与"运算连接着左右两个

9

条件，只有左右两边的条件同时满足时，"与"运算才判定为真，否则为假。在读逻辑表达式时，也将"与"运算口语化地读为"并且"。只有输入年份能够整除4并且不能够整除100时，该年份才是闰年。有了第二部分的解释，第三部分"year % 400 == 0"就不难理解了，连接第二部分和第三部分的符号是"||"，和"&&"一样，"||"也是逻辑运算的一种，称为"或"运算。"或"运算连接着左右两个条件，只要满足其中一个条件，"或"运算即为真。常用的逻辑运算除了"&&""||"之外，还有"^"和"!"。"^"称为"异或"运算，"!"称为"非"运算。"&&""||""^"都要连接左右两个条件，"!"只须放在一个条件之前。"^"运算判断左右两个条件是否相同，如果相同，逻辑表达式为假，否则为真；"!"运算表示取反，结果为当前条件的相反结果，如果条件为真，则"!"运算之后的结果为假。如果用1表示条件为真，0表示条件为假，A表示条件1，B表示条件2，则以上的逻辑运算结果可以归结如下。

A	B	A&&B	A||B	A^B	! A
0	0	0	0	0	1
0	1	0	1	1	1
1	0	0	1	1	0
1	1	1	1	0	0

因为if语句的使用，本次的程序和以前的程序在执行顺序上不太一样，以前的程序都是按照语句出现的先后顺序逐条执行。本次的程序不是每一条语句都能够执行，而是根据判断的结果执行不同的语句，我们把这样的结构称为选择结构。

讲到这里，不知道你有没有发现，编程就是把你脑中的想法写成计算机能够看懂的文章，然后帮你执行。为什么要计算机执行才好呢？因为计算机不会感到疲惫，算得更快、更精确，你的文章思路清晰，所讲述的方法高效，计算机执行起来就快。计算机不会关心你用什么样的语言去讲述你的思路，因为所有的语言都会翻译成计算机能够看懂的汇编语言。程序对效率的追求，就是不断优化你的问题求解思路，其关键还是在于你的想法。

第四课　素数的判定

利用前面学的判断语句，试着分析下面的问题。

【问题描述】

输入一个数，判定它是否为素数。

【输入样例】

3

【输出样例】

3 is a prime number

问题分析：什么是素数呢？在大于1的自然数中，除了1和这个数本身，不能被其他自然数整除的数字称为素数。我们可以依据素数的定义对输入数据进行判定，将输入的数保存在变量x中，依次用x除以从2到x–1中的每一个数字，如果恰好有数字可以整除，那么x为合数，否则，x为素数。在x很大的情况下，用顺序结构完成这段代码，即使有粘贴和复制的功能提供帮助，完成起来也相当困难，而且对于每一个新的x，都要重新修改这个程序才能判断。有没有更好的办法解决效率问题呢？重新分析判断思路，不难发现素数的判断过程，就是不断重复除法的过程，故借助循环语句来解决这个问题。

【程序实现】

```
#include <iostream>
using namespace std;
int main()
{
    int x;
    bool flag = false;
```

11

```
cin >> x;
for(int i = 2; i <= x-1; i++)
{
  if(x % i == 0)
  {
    flag = true;
  }
}
if(flag == true)
{
  cout << x << " isn't a prime number." << endl;
}
else
{
  cout << x << " is a prime number." << endl;
}
return 0;
}
```

　　整段代码中，新出现的for语句构成了循环的主体，for语句的内部，由两个分号分割成三个部分，分别是"int i=2" "i<=x-1" "i++"。"int i=2"定义了循环的起点从i=2开始，"i<=x-1"说明了循环的条件是i的值要小于等于x-1，如果当前i的值满足"i<=x-1"的条件，则执行与for语句匹配的花括号内的语句，判断x是否能够整除i，如果能够整除，则标记整除事件已经发生，利用bool值做标记的办法在今后的学习中会经常遇见。当前i的值判断完成后，i的值累加1，即"i++"，也可以写作i=i+1，为下一轮判断做好准备，直到i等于x，结束循环。最后，依据flag的值判断x是否为素数，如果flag等于true说明整除事件发生过，所以x是合数，否则，x是素数。

　　上面的程序实现了对素数的判断和for语句的用法，任务似乎已经完成，我们还可以做得更好一些吗？接下来思考这样一个问题，有没有必要从2一直判断至x-1呢？如果可以，循环的终点在哪里呢？假如数x不是素数，则还有其他因子a，b满足a*b=x，其中必有一个因数大于x的正数平方根，另一个因数小于x的正数平方根，所以x必有一个小于或等于其平方根的因数，验证素数时就只需要验证到其平方根就可以了。为提高效率，可以只检查小于该数正平方根的那些数，例如24的平方根大于4小于5，检查2、3、4就可以了！修改后的代码如下：

```cpp
#include <iostream>
#include <cmath>
using namespace std;
int main()
{
  int x;
  bool flag = false;
  cin >> x;
  for(int i = 2; i <= sqrt(x); i++)
  {
    if(x % i == 0)
    {
      flag = true;
    }
  }
  if(flag == true)
  {
    cout << x << " isn't a prime number." << endl;
  }
 else
  {
    cout << x << " is a prime number." << endl;
  }
    return 0;
}
```

新的程序中，程序的头部引用了cmath文件，向计算机解释sqrt函数的定

义，以便求出x的正数平方根，减少循环判断的次数，优化程序效率，这个程序还能优化得更好吗？例如，所有的偶数都含有2这个因子，遇到偶数时还有必要一直判断到x的正数平方根吗？没有，我们完全可以在第一次整除事件发生时就终止循环，直接输出结果，程序修改如下：

```cpp
#include <iostream>
#include <cmath>
using namespace std;
int main()
{
  int x;
  bool flag = false;
  cin >> x;
  for(int i = 2; i <= sqrt(x); i++)
  {
    if(x % i == 0)
    {
      flag = true;
      break;
    }
  }
  if(flag == true)
  {
    cout << x << " isn't a prime number." << endl;
  }
  else
  {
    cout << x << " is a prime number." << endl;
  }
  return 0;
}
```

整段代码在标记了整除事件后新增了break语句，break语句的作用在于，不管循环是否到达终点，都要终止当前的循环语句，继续向下执行后面的语句。这样，就实现了上文所说的功能，在遇见第一个整除事件时，及时终止循环，进一步提升程序效率。这段程序在执行流程上和前面的程序又有所不同，for语句的出现，让程序的执行出现了回路，这样的程序结构为循环结构。顺序结构、选择结构、循环结构是程序中最基本的三种结构，我们可以用这三种基本结构去描述生活中的任何事情，包括向计算机讲明白你的解题思路。

上文中提到的方法可以帮助判断某个数是否为素数，如果问题改为找出1至N内所有的素数，上述方法的效率就不高了。当知道一个数为素数后，它的倍数一定不是素数，可以利用这条思路找出1至N内所有的素数。

具体做法是用一个长度为N+1的数组存储素数判定情况，判断前，先假设所有的数均为素数，将数组初始化为1，然后从第一个素数2开始，标记2的倍数为0，直到超过N为止，找到下一个素数3，重复上述过程，直到无数可试，此时，数组中标记为1的数字即为素数。

完整代码如下：

```cpp
#include <bits/stdc++.h>
#define ll long long
#define maxn 200000
using namespace std;
const int INF = 0x3f3f3f3f;
int num[maxn];
int N;
int main()
{
  cin >> N;
  for(int i = 2; i <= sqrt(N); i++)
  {
    if(num[i] == 0)
    {
      for(int j = 2; j * i <= N; j++)
```

```
        {
            num[j * i] = 1;
        }
    }
}
for(int i = 2; i <= N; i++)
{
    if(num[i] == 0)
    {
        cout << i << ' ';
    }
}
return 0;
}
```

如果模拟运行上述代码，你会发现有很多的合数被重复判断多次，这样大大降低了查询的效率。例如，合数6的判断，在寻找2的倍数时，会置为1；在寻找3的倍数时，依然会置为1。因此，我们可以修改查询起点，不从当前素数的2倍开始查找，而是从当前素数的平方开始查找。代码修改如下：

```
#include <bits/stdc++.h>
#define ll long long
#define maxn 200000
using namespace std;
const int INF = 0x3f3f3f3f;
int num[maxn];
int N;
int main()
{
    cin >> N;
    for(int i = 2; i <= sqrt(N); i++)
    {
```

```
    if(num[i] == 0)
    {
      for(int j = i * i; j <= N; j += i)
      {
        num[j] = 1;
      }
    }
  }
  for(int i = 2; i <= N; i++)
  {
    if(num[i] == 0)
    {
      cout << i << ' ';
    }
  }
  return 0;
}
```

这样的方法比上一个更好一些，避免了部分重复判定，但依然无法避免全部的重复判断，影响效率的情况依然存在，如何做到每个数字只判断一次呢？可以利用每个合数必有一个最小素因子的性质来实现在最短时间内找出1至N内所有的素数。代码修改如下：

```
#include <bits/stdc++.h>
#define ll long long
#define maxn 200000
using namespace std;
const int INF = 0x3f3f3f3f;
int num[maxn];
int prime[maxn];
int N, cnt;
void getprime()
```

```cpp
{
  for(int i = 2; i <= N; i++)
  {
    if(num[i] == 0)
    {
      prime[++cnt] = i;
    }
    for(int j = 1; j <= cnt && i <= N / prime[j]; j++)
    {
      num[i * prime[j]] = 1;

      if(i % prime[j] == 0)
      {
        break;
      }
    }
  }
}
int main()
{
  cin >> N;
  getprime();
  for(int i = 1; i <= cnt; i++)
  {
    cout << prime[i] << ' ';
  }
  return 0;
}
```

第五课　成绩排序

【问题描述】

期末考试成绩出来了，老师希望你能够写一段程序完成班里10个同学的成绩按从高到低的规则排序。

首先，我们要想办法保存每个同学的成绩，以便进行下一步的比较，这个工作就交给"数组"完成吧。数组是什么呢？简单来说，数组是一群变量的集合，这些变量的数据类型都相同，依据题意，我们可以定义名为score的整数数组来保存10名同学的成绩，int score[11]。如果需要输入第一个同学的成绩时，可以利用输入语句cin>>score[1]完成，同理，输入第二个同学的成绩时输入cin>>score[2]。需要注意，数组的起点是score[0]，从score[0]开始保存成绩完全可以，但score[11]是不可以使用的，里面存放了数组的结束标识。当输入的数据量很大时，可以求助于上节课的循环语句完成输入工作。例如：

```
Int score[11];
For（int  i=1; i<=10;  i++）
{
  cin >> score[i];
}
```

有了成绩，接下来就可以排序了，你有没有帮助老师整过队呢？整队时，先从所有同学中找到最高的，让他站在第一个位置，然后从剩下的同学中找到最高的，让他站在第二个位置上，重复这项工作，直到剩下最后一名同学，他肯定是最矮的一个，不用排了，直接放在最后，整个班级的队形就整好了。我们也借鉴这个思路排一排同学们的成绩，先让同学们拿好自己的成绩，站成一排，接下来，找到分数最高的同学，把他手里的成绩和第一个同学交换，这样

第一个同学手里拿到的就是最高分数了，然后按照刚才的做法，从剩下的人中，找到分数最高的同学，把他手里的成绩和第二个同学交换，以此类推，直到剩下最后一个同学，最后一个同学手里拿的分数就是最低分数，直接放在最后即可，如果班里有n个同学，完成这项工作需要进行n–1次交换。

```
for(int i = 1 ;i<=9; i++)
{
    int position = i;
    for(int  j = i + 1; j<=10; j++)
    {
        if(score[position] < score[j])
        {
            position = j;
        }
    }
    int t = score[i];
    score[i] = score[position];
    score[position] = t;
}
```

以上代码为排序的核心代码，建议大家在学习的时候，不要仅仅停留在感觉上的学会，要多动笔，模拟一下计算机的运行，这样你对代码的理解会更加深刻。如果开始每个同学的成绩分别是1、2、3、4、5、6、7、8、9、10，当我们输入完成后，数组score是这样的：

score[1]	score[2]	score[3]	score[4]	score[5]
1	2	3	4	5
score[6]	score[7]	score[8]	score[9]	score[10]
6	7	8	9	10

程序中用i表示当前该确定排位的分数，position表示剩下同学中，分数最高的同学的位置，j的作用在于通过比较确定分数最高的同学的位置然后交给position。当i=1时，j从i的下一个位置出发，看看j同学的分数是不是比position同

学的分数要高，如果j同学的分数更高，就让position记录j同学的位置，然后j指向下一个同学继续和position位置上的同学进行分数的比较，直到找到分数最高的同学所在的位置，交换他和1号同学的成绩，完成后，数组score是这样的。

确定完第1位同学的成绩：

i　　　　　　　　　　　　　　　　　　position

score[1]	score[2]	score[3]	score[4]	score[5]
10	2	3	4	5
score[6]	score[7]	score[8]	score[9]	score[10]
6	7	8	9	1

确定完第2位同学的成绩：

　　　　i　　　　　　　　　　　　position

score[1]	score[2]	score[3]	score[4]	score[5]
10	9	3	4	5
score[6]	score[7]	score[8]	score[9]	score[10]
6	7	8	2	1

确定完第3位同学的成绩：

　　　　i　　　　　　position

score[1]	score[2]	score[3]	score[4]	score[5]
10	9	8	4	5
score[6]	score[7]	score[8]	score[9]	score[10]
6	7	3	2	1

确定完第4位同学的成绩：

　　　　i　　　position

score[1]	score[2]	score[3]	score[4]	score[5]
10	9	8	7	5
score[6]	score[7]	score[8]	score[9]	score[10]
6	4	3	2	1

确定完第5位同学的成绩：

i　　position

score[1]	score[2]	score[3]	score[4]	score[5]
10	9	8	7	6
score[6]	score[7]	score[8]	score[9]	score[10]
5	4	3	2	1

确定完第6位同学的成绩：

i、position

score[1]	score[2]	score[3]	score[4]	score[5]
10	9	8	7	6
score[6]	score[7]	score[8]	score[9]	score[10]
5	4	3	2	1

确定完第7位同学的成绩：

i、position

score[1]	score[2]	score[3]	score[4]	score[5]
10	9	8	7	6
score[6]	score[7]	score[8]	score[9]	score[10]
5	4	3	2	1

确定完第8位同学的成绩：

i、position

score[1]	score[2]	score[3]	score[4]	score[5]
10	9	8	7	6
score[6]	score[7]	score[8]	score[9]	score[10]
5	4	3	2	1

确定完第9位同学的成绩:

i、position

score[1]	score[2]	score[3]	score[4]	score[5]
10	9	8	7	6
score[6]	score[7]	score[8]	score[9]	score[10]
5	4	3	2	1

最后输出结果即可，完整代码如下所示。

```cpp
#include <iostream>
using namespace std;
int main()
{
int  score[11];
 for (int i = 1; i <= 10; i++)
 {
   cin >> score[i];
 }
 for(int i = 1; i <= 9; i++)
 {
   int position = i;
   for(int  j = i; j <=10; j++)
   {
     if(score[position] < score[j])
     {
       position = j;
     }
     int  t = score[i];
     score[i] = score[position];
   }
 }
  for(int i = 1; i <= 10; i++)
```

```
    {
        cout << score[i] << '   ';
    }
    return 0;
}
```

考试结束以后，老师交给你一个新任务，看看班里有没有考5分的同学，把5分的那个同学找出来，要快！别乱找！怎样迅速找到这个同学呢？先让所有同学按成绩从高到低的顺序站好，10分、9分、8分、7分、6分、5分，经过6次比较，终于找到了。其实，还有更快的做法，先让同学们按照分数从高到低的顺序站好，确定查找的范围是1号到10号同学，l=1，r=10，然后看看中间位置的同学m=(l+r)/2=5号，他的分数情况如何，5号的分数是6分，大于目标分数5，因为排序规则从高到低，所以5分一定出现在6分的右侧，于是，调整查找区间为l=m+1=6，r=10继续查找。

重复上面的过程，新区间的m=(6+10)/2=8，8号同学的分数为3，小于目标分数5分，所以目标分数应该在3的左侧，于是调整查找区间为l=6，r=m-1=7。

重复上面的过程，新区间的m=(6+7)/2=6，查看6号同学的分数等于5。

终于找到了，就是你了，6号同学！

新的方法只要3次就找到了，这样的方法叫二分查找法，也叫折半查找法，通过修改查找区间的范围，每次的查询都会缩小问题的规模。

最基本的二分代码如下：

```cpp
#include <bits/stdc++.h>
#define ll long long
#define maxn 200000
using namespace std;
const int INF = 0x3f3f3f3f;
int num[maxn];
int n;
int main()
{
    cin >> n;
```

```cpp
for(int i = 1; i <= n; i++)
{
  cin >> num[i];
}
int target;
cin >> target;
int l = 1;
int r = n;
bool f = false;
while(l <= r)
{
  int mid = (l + r) >> 1;
  if(num[mid] == target)
  {
    cout << mid << endl;
    f = true;
    break;
  }
  if(num[mid] < target)
  {
    r = mid - 1;
  }
  else
  {
    l = mid + 1;
  }
}
  if(f==false)
  {
    cout<<-1<<endl;
```

```
    }
    return 0;
}
```

二分查找法不难理解，其通常用于查找最大值中的最小值，或者最小值中的最大值。以查找最大值中的最小值为例，如果区间的中值符合题意，那么我们可以在左侧区间尝试查找更小的符合题意的值；如果不符合题意，那么我们就在右侧区间查找符合题意的值。

【问题描述】

陶陶是个贪玩的孩子，他在地上丢了A个瓶盖，为了简化问题，我们可以当作这A个瓶盖丢在一条直线上，现在他想从这些瓶盖里找出B个，使得距离最近的2个瓶盖间的距离最大，他想知道，最大可以到多少呢？

【输入样例】

5 3

1 2 3 4 5

【输出样例】

2

这道题中，需要在符合题意的一堆最小值中，找到最大的那个，解题的关键在于二分的正确查找以及如何判断才能符合题意，二分查找很好写，却很难写对！

如果直接修改上述查找函数，则代码如下：

```
void search()
{
    r = arr[a] - arr[1];
    while(l <= r)
    {
        mid = (l + r) / 2;
        if(judge(mid))
        {
            l = mid;
        }
```

```
    else
    {
      r = mid-1;
    }
  }
}
```

依据mid的计算方式，当l=r-1时，如果mid为符合题意的解，那么程序有可能进入死循环，出现死循环的直接原因是整除的误差(如3/2结果为1)，而根本原因是区间范围卡得过死。如果保持循环条件while(l <= r)不变，我们可以更新最优解的同时在最优解的右侧寻找潜在的更优解，具体做法只需添加一句"ans = max(ans，mid)"，修改"l=mid"为"l = mid + 1"即可。查找函数修改如下：

```
void search()
{
  r = arr[a] - arr[1];
  while(l <= r)
  {
    mid = (l + r) / 2;
    if(judge(mid))
    {
      l = mid + 1;
      ans = max(ans, mid);
    }
    else
    {
      r = mid - 1;
    }
  }
}
```

如果从修改循环条件的角度出发，查找程序可以修改如下：

```
void search()
```

```
{
  r = arr[a] - arr[1];
  while(l < r - 1)
  {
    mid = (l + r) / 2;
    if(judge(mid))
    {
      l = mid;
      //ans = max(ans,  mid);
    }
    else
    {
      r = mid;
    }
  }
}
```

这两个查找程序都是正确的，本质区别在于查找区间的变化，第一个程序是建立在最优解存在于闭区间[l，r]中，第二个程序是建立在最优解存在于左闭右开区间[l，r)中，所以在第二个查找程序中，r的赋值由mid−1变为mid。

二分查找法的问题说完后，我们来处理如何判断mid符合题意的问题。是否符合题意主要看两点：第一，最小间距是否大于或者等于mid；第二，瓶盖的数量是否大于或者等于B。我们可以从第一个坐标arr[1]开始，以此为起点，查看相邻两点arr[2]的距离是否大于mid，如果大于mid，就把这个点的瓶盖拾起，如果小于mid，就查看arr[3]到arr[1]的距离是否符合要求。每当拾起新的瓶盖后，以此瓶盖坐标为起点，重复上述动作，直到处理到最后一个坐标。最后，我们看看手里的瓶盖数量，如果超出了题目给定的数量B，则说明相邻两点的最小值大于或等于mid，可以在mid的右侧继续寻找更大更合适的值，反之，则说明当前的mid值无法以此划分实现。判断mid符合题意的程序如下：

```
bool judge(int x)
{
```

```
    int tot = 1;

    int num = 1;

    for(int i = 2; i <= a; i++)

    {

      if(arr[i] - arr[num] >= x)

      {

        tot++;

        num = i;

        if(tot >= b)

        {

          return true;

        }

      }

    }

    return tot >= b;

}
```

完整的程序代码如下：

```
#include <bits/stdc++.h>

typedef long long LL;

const int MAXN = 100010;

const int INF = 0x3f3f3f3f;

using namespace std;

int a, b;

int arr[MAXN];

int l, r, mid;

int ans;

bool judge(int x)

{

    int tot = 1;

    int num = 1;
```

```
    for(int i = 2; i <= a; i++)
    {
      if(arr[i] - arr[num] >= x)
      {
        tot++;
        num = i;
        if(tot >= b)
        {
          return true;
        }
      }
    }
    return tot >= b;
}
void search()
{
  r = arr[a] - arr[1];
  while(l < r - 1)
  {
    mid = (l + r) / 2;
    if(judge(mid))
    {
      l = mid;
      //ans = max(ans,  mid);
    }
    else
    {
      r = mid;
    }
  }
```

```
}
int main()
{
  cin >> a >> b;
  for(int i = 1; i <= a; i++)
  {
    cin >> arr[i];
  }
  sort(arr + 1,  arr + a + 1);
  search();
  cout << l << endl;
  return 0;
}
```

在程序设计时，数组经常被用来模拟各种数据结构，栈和队列就是其中之一。

先来说说"栈"，这种数据结构最大的特点就是"先进后出"，"栈"的操作类似于生活中的弹夹装弹，先压入弹夹的子弹总是最后射出，即先进后出。如果你是女孩子，对枪不感兴趣，不知道什么是弹夹……好吧，汉诺塔游戏一定听说过吧，汉诺塔游戏中的柱子也是"栈"的实例，想要移动压在最下面的盘子，只能先把它上面的盘子移走。

明白了"栈"的先进后出，就可以利用"栈"解决程序设计中的具体问题。

计算机用二进制这一最简单的方式来表达信息，光凭这点它可比人类单纯得多，人类还经常用到其他的进制，如八/十/十六进制，还有人突发奇想，发明了诸如三/四/五/六/七/九/十一/十二/十三/十四/十五进制这类奇葩的进制。比如五进制，用0、1、2、3、4表达信息；而十二进制，用0、1、2、3、4、5、6、7、8、9、A、B表达信息。总而言之，进制类型包含二至十六进制共15种。为了在人类与计算机之间搭建起一个有效沟通的桥梁，需要你来解决这样一个问题。

【问题描述】

将用户输入的一个十进制正整数n，按要求转换为相应的m进制的数p。

31

【输入】

一行，有两个整数，第一个表示待转换的十进制数n（介于1至2 147 483 647之间）；第二个表示待转换成数的进制m（它是2至16的整数中的某一个），它们之间用一个英文空格隔开。

【输出】

一行，有且仅有一个字符串，它可能包括数字和大写字母，表示转换以后的结果，结果中如果出现字母，请务必使用大写字母，小写字母在测试时将认为是错误的，如果转换以后的结果中，某位数字大于9（只有11进制或11以上进制才会用到），则分别以A表示10、B表示11、C表示12、D表示13、E表示14、F表示15。

样例	输入（n m）	输出
样例1	10 2	1010
样例2	254 8	376
样例3	1000 10	1000
样例4	2462 15	AE2
样例5	1022 16	3FE

【样例说明】

以样例4为例，十进制数2462转换成的十五进制数是AE2。

题意是将给定的十进制数字转换为任意进制数字，十进制数字转换为任意进制的方法是，对进制数取余后倒排。

样例1：

10 / 2……0

5 / 2 …… 1

2 / 2 …… 0

1 / 2 …… 1

结果倒排后，十进制的10转换为二进制，结果为1010。

样例2：

254 / 8 …… 6

31 / 8　······ 7

3 / 8　······ 3

结果倒排后，十进制的254转换为八进制，结果为376。

样例4：

2462 / 15 ······ 2

164 /15　······ 14（E）

10 / 15　······ 10（A）

结果倒排后，十进制的2462转换为十五进制，结果为AE2。

在计算过程中，不难发现，计算顺序从低位到高位，输出数据时要从高位到低位，和计算顺序正好相反。所以得到计算结果时，并不能直接输出，可以先压入"栈"里，直到最后一位处理完毕，再将数据依次从"栈"里拿出即可。

```cpp
#include <iostream>
using namespace std;
const int N = 10000;
char a[16] = {'0', '1', '2', '3', '4', '5', '6',
'7', '8', '9', 'A', 'B', 'C', 'D', 'E', 'F'};
int n, m;
char s[N];
int top;
int main()
{
  cin >> n >> m;
  string ans;
  while(n)
  {
    s[++top] += a[n % m];
    n /= m;
  }
  while(top)
  {
```

```
    cout << s[top--];
        }
    return 0;
}
```

代码中，数组s模拟数据结构"栈"，top为指向栈顶的指针，入栈操作通过++top完成，出栈操作通过top--完成，当top为0时，表示栈为空。

讲完了"栈"，接下来说说"队列"。相对于"栈"，"队列"这种数据结构最大的特点是先进先出。生活中队列的实例很多，比如排队，排队讲究先到先得，最怕各种不文明行为破坏队列，例如插队。计算机中，队列的结构亦是如此，所有的操作都通过头、尾两个指针完成，要想出队，请找头指针帮忙，要想入队，请找尾指针帮忙，不通过头、尾指针的操作都属于不文明行为，当头、尾两个指针重合时，我们判定"队列"已空。

还是用一个具体的问题来谈谈"队列"这种数据结构的基本用法。

【问题描述】

n个人(n<=100)围成一圈，从第一个人开始报数，数到m的人出圈，再由下一个人重新从1开始报数，数到m的人再出圈，……依次类推，直到所有的人都出圈，请输出依次出圈人的编号。

【输入样例】

10 3

【输出样例】

3 6 9 2 7 1 8 5 10 4

在使用"队列"之前，我们先用数组模拟下游戏过程。有同学不禁会问，数组是线性结构，而游戏中的站位是环状结构，怎么模拟？如何变线为环？这个问题问得很好，也很关键，直接模拟似乎不行，我们可以多开一个数组帮忙，这个新开的数组的作用在于指出当前元素的下一个元素所在的位置。

游戏开始前，模拟所有人的站位情况。

```
int r[1001];
for(i = 0; i <= n; i++)
{
    r[i] = i + 1;//当前编号为i的游戏者，与其相邻的下一个游戏者编
```

号为i+1;

```
    }
    r[n] = 1;//首尾相连
```

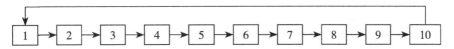

游戏开始啦……

从第1个游戏者开始，数够m个人时，第m号游戏者出局，如何出局？把出局者前一个游戏者的指针指向当前出局者的指针所指的游戏者即可，画图来理解。

3号游戏者出局

```
int cnt = 1,  pre;
i = 1;
while(n)//链表不为空
    {
    while(cnt < m)//没有数到
    {
        pre = i;//记录前驱
        i = r[i];//找到后继
        cnt++;//向后数
    }
        cout << i << ' ';//输出出局者编号
        r[pre] = r[i];//从链表中删除出局者
        i = r[i];
        cnt = 1;//重新计数
        n--;//总人数减少1
```

```
}
```

完整代码如下：

```cpp
#include <iostream>
#include <string>
using namespace std;
int r[1001];
int n, m;
int main()
{
  cin >> n >> m;
  int i;
  for(i = 0; i <= n; i++)
  {
    r[i] = i + 1;
  }
  r[n] = 1;
  int cnt = 1, pre;
  i = 1;
  while(n)
  {
    while(cnt < m)
    {
      pre = i;
      i = r[i];
      cnt++;
    }
    cout << i << ' ';
    r[pre] = r[i];
    i = r[i];
    cnt = 1;
```

```
        n--;
    }
    return 0;
}
```

接下来，该队列上场了，使用队列首先面对的问题和链表一样，即如何利用队列的特性来描述环状结构，模拟整个游戏过程。简单来说，一个游戏者报完数后，判断他是否要出局，如果是，离开队列，如果不是，将其移动至队尾参加下一轮游戏。

可以用图表示：

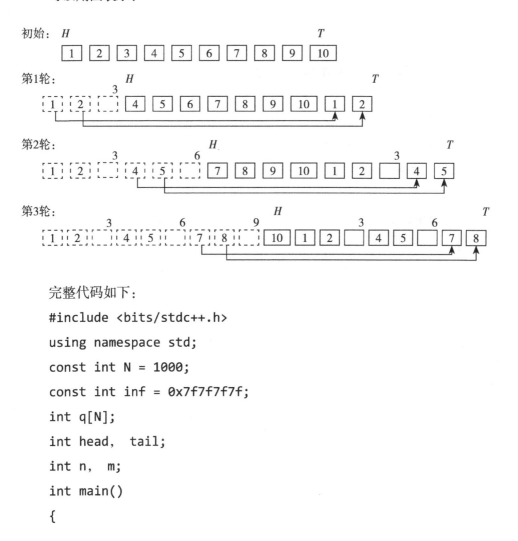

完整代码如下：

```cpp
#include <bits/stdc++.h>
using namespace std;
const int N = 1000;
const int inf = 0x7f7f7f7f;
int q[N];
int head, tail;
int n, m;
int main()
{
```

```
cin >> n >> m;
head = tail = 1;
for(int i = 1; i <= n; i++)
{
  q[tail++] = i;
}
int cnt = 1;
while(head < tail)
{
  while(cnt < m)
  {
    q[tail++] = q[head++];
    cnt++;
  }
  cout << q[head++] << ' ';
  cnt = 1;
}
return 0;
}
```

第六课 鸭子的总数

【 问题描述 】

一个人赶着鸭子去每个村庄卖，每经过一个村庄卖去所赶鸭子的一半又一只，这样他经过了n个村庄后还剩两只鸭子，输出经过每个村庄时鸭子的总数。

我们用cur表示经过当前村庄时鸭子的总数，用pre表示经过前一个村庄时鸭子的总数。依据每经过一个村庄卖去所赶鸭子的一半又一只可以得出pre-(pre/2+1)=cur，进一步化简得到pre=(cur+1)*2。有了到最后一个村庄时鸭子的数量，我们可以按照上式，利用循环语句，递推出经过每个村庄时鸭子的数量和鸭子的总数，计算时，可以利用数组记录经过每个村庄时鸭子的数量，以便后期结果的打印输出。

```
res[village] = num;
for(int i = village - 1; i >= 1; i--)
{
    res[i] = (res[i + 1]+1)*2;
}
```

res数组记录经过每个村庄时鸭子的数量，village存放村庄的总数。res[village] = num表示经过第n个村子后，一共有num只鸭子。这句话在这里的主要作用是确定递推的起点，res[i] = (res[i + 1] + 1) * 2语句完成推算，经过前一个村庄时鸭子的数量，等于当前村庄鸭子数量加1后乘以2，当第4个村庄的鸭子数量为2时，res[4]等于2，程序进入循环。

i=3时，res[3]=(res[4]+1)*2=6，经过第3个村庄时，鸭子的总数为6只。

i=2时，res[2]=(res[3]+1)*2=14，经过第2个村庄时，鸭子的总数为14只。

i=1时，res[1]=(res[2]+1)*2=30，经过第1个村庄时，鸭子的总数为30只。

推算的过程不难理解，接下来我们看一看完整的代码：

```cpp
#include <iostream>
using namespace std;
void cnt_duck(int village, int num, int res[])
{
  res[village]=num;
  for(int i=village-1; i>=1;i--)
  {
    res[i]=(res[i+1]+1)*2;
  }
}
int main()
{
  int a[1000];
  int n, k;
  cin >> n >>k;
  cnt_duck(n, k, a);
  for(int i=1;i<=n;i++)
  {
    cout<<a[i]<<' ';
  }
  return 0;
}
```

以前的学习中，我们多次领教了函数的便捷，这次的代码中，我们把上述计算的过程单独抽象出来写成自己的函数，在主函数main中调用，完成总数的计算。当程序越来越复杂，结构化也越来越重要，结构良好的代码很容易编写和调试，还能提供易于重用的模块来减轻将来的工作。在编程中，使用函数非常重要，我们在后期的学习中会不断体会到。

在代码"void cnt_duck(int village, int num, int res[])"中，void说明该函数没有返回值，所以在函数体内没有看到return语句。cnt_duck是函数的名称，有

意义的名称对程序的理解很重要，"(int village, int num, int res[])"括号内，用两个","号将整句分割成三个部分，这些是函数正常调用必须要填入的参数，其中，int res[]是将数组作为参数传递给函数。在C++中，要将数组作为参数进行传递有两种方法，一种是function(int a[])，另一种是function(int *a)，这两种方法在函数中对数组参数的修改都会影响到实参本身的值。什么意思呢？在这段代码中，我们把数组a作为参数提交给cnt_duck函数，cnt_duck函数在修改res数组的同时，也在修改a数组，所以在程序的最后，我们打印a数组的内容，可以看到正确结果。为什么呢？数组作为参数传递给函数的只是数组首元素的地址，数据还是在内存里的，函数在需要用到后面元素时再按照这个地址和数组下标去内存查找，也就是说后面的元素根本没到函数里来。

第二种是使用指针的写法，指针的使用可以大大提高程序的效率，使编程更加灵活，但也极易出错。

现在我们把题目稍做修改，求出发时鸭子的总数，代码修改如下：

```cpp
#include <iostream>
using namespace std;
int cnt_duck(int village, int num)
{
  int cur = num;
  for(int i=village-1;i.=0;i--)
  {
    cur=(cur+1)*2;
  }
 return cur;
}
int main()
{
 int n, k;
 cin>>n>>k;
 int ans=cnt_duck(n, k);
 cout<<ans<<endl;
```

```
    return 0;
}
```

递推方法不变，简单修改即可，函数修改返回值类型为int，修改前循环一直推算到第一个村庄才停止，修改后推算次数在原有基础上加1，循环内部的次数调整为i >= 0。在主程序中，用ans接收cnt_duck函数的返回值。

我们再来看看pre=(cur+1)*2这个表达式，如果用f(n)表示第n个村庄鸭子的总数，递推表达式可以进一步改写为f(n)=(f(n+1)+1)*2，当n到达指定的N时，f(N)=k。整个递推过程可描述如下：

f(1)=(f(2)+1)*2;

f(2)=(f(3)+1)*2;

f(3)=(f(4)+1)*2;

……

f(N−1)=(f(N)+1)*2;

f(N)=k.

鸭的总数计算依赖于经过第一个村庄时鸭子的数量计算，经过第一个村庄时鸭子的数量依赖于经过第二个村庄时鸭子的数量计算，以此类推，直到遇到题目中指定的村庄N，知道经过该村庄时的鸭子数量，至此，经过每个村庄时鸭子的数量都可以计算出。求解鸭子总数的问题被分解成为许多同类型的子问题，这些子问题的解决方案相同，都是经过下一个村庄时鸭子的数量加1后，乘以2。通过求解这些子问题，使得求鸭子总数的问题得以解决。生活中还有很多这种求解的例子，例如，假设你在一个电影院，你想知道自己坐在哪一排，但是前面人很多，你懒得去数了，于是你问前一排的人"你坐在哪一排？"前面的人（代号A）回答以后，你只要把A的答案加1，就是自己所在的排了。不料A比你还懒，他也不想数，于是他也问他前面的人B"你坐在哪一排？"这样A可以用和你一模一样的步骤知道自己所在的排，然后B也如法炮制，直到这一串人问到了最前面的一排，第一排的人告诉问问题的人"我在第一排"，最后大家就都知道自己在哪一排了。如果用f[n]表示第n排的排数，那么整个递推过程可描述如下：

f[1]=1;

f[2]=f[1]+1;

f[3]=f[2]+1;

……

f[n]=f[n-1]+1.

讲了这么多，问题似乎越来越复杂了，干脆把我们想要表达的变成代码吧。

```cpp
#include<iostream>
using namespace std;
int n, k;
int res[1000];
int cnt_duck(int village)
{
 if(village==n)
 {
   res[village]=k;
   return k;
 }
return res[village]=(cnt_duck(village+1)+1)*2;
}
int main()
{
  cin>>n>>k;
  int ans=cnt_duck(0);
  cout<<ans<<endl;
  return 0;
}
```

这段代码和前面最大的不同在于函数体内部出现了对自己的重复调用，怎么理解呢，如果已经走到指定的村庄N，函数返回k值，否则，函数返回经过下一个村庄时鸭子的数量加1之后乘以2的结果。

以n=4，k=2为例：

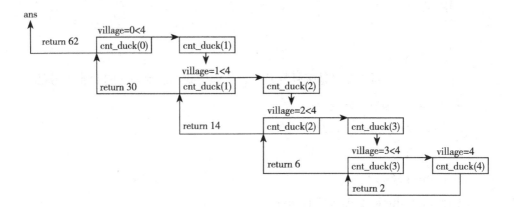

计算从cnt_duck(0)开始，village等于0，小于4，继续调用cnt_duck(1)；在cnt_duck(1)中，village等于1，小于4，继续调用cnt_duck(2)；在cnt_duck(2)中，village等于2，小于4，继续调用cnt_duck(3)；在cnt_duck(3)中，village等于3，小于4，继续调用cnt_duck(4)；在cnt_duck(4)中，village等于4，到达指定村庄，不再继续调用，直接返回2给cnt_duck(3)。cnt_duck(3)收到返回值2后，完成(cnt_duck(4)+1)*2的计算，得到6，返回给cnt_duck(2)。cnt_duck(2)收到返回值6后，完成(cnt_duck(3)+1)*2的计算，得到14，返回给cnt_duck(1)。cnt_duck(1)收到返回值14后，完成(cnt_duck(2)+1)*2的计算，得到30，返回给cnt_duck(0)。cnt_duck(0)收到返回值30后，完成(cnt_duck(1)+1)*2的计算，得到62，返回给变量ans。

这种解决问题的方法叫作**递归算法**，递归算法的实质是把问题转化为规模缩小的同类问题的子问题，函数让递归算法得以实现，递归算法的形式就是在函数里调用自己。在整个过程中，必须有一个明确的递归结束条件，在上述问题中，当village等于4时，到达递归的终点，返回2作为结束标志。使用递归算法求解问题，编程量小，代码可读性好，易于理解，但递归算法的代码运行效率较低。在递归调用的过程中，计算机会用栈这种特殊的数据结构存储每一层的返回值和局部变量，如果递归次数过多，容易造成栈溢出。

第七课 大数的加法与减法

【问题描述】

求两个很大的正整数相加的结果。

求解方法和竖式加法相同，下面以138加12为例，演示求解过程。

step1：

		1	3	8
	a:	1	3	8
	b:		1	2
+	进位:	0	0	0
	c:			10

step2：

		1	3	8
	a:	1	3	8
	b:		1	2
+	进位:	0	1	0
	c:		5	0

step3：

		1	3	8
	a:	1	3	8
	b:		1	2
+	进位:	0	1	0
	c:	1	5	0

计算过程如下：

计算从个位开始，直到最高位结束，对位相加，如果结果大于或者等于10，产生进位，高位加1，当前位对10求余，否则继续计算下一位。

$c[1]=a[1]+b[1]+c[1]=8+2+0=10>=10$，产生进位，所以$c[1]=10\%10=0$，

c[2]+=1;

  c[2]=a[2]+b[2]+c[2]=3+1+1=5<10，没有进位产生，所以c[2]=5；

  c[3]=a[3]+b[3]+c[3]=1+0+0=1<10，没有进位产生，所以c[3]=1；

  所以最后两数相加的结果等于150。

  加法的核心代码如下：

```cpp
lc = max(la, lb);
    for(int i = 1; i <= lc; i++)
    {
  c[i] = (a[i] + b[i]) % 10 + c[i];
  c[i + 1] = (a[i] + b[i]) / 10;
}
```

  确定结果的长度，判断最高位是否为0。

```cpp
if(c[lc + 1])
{
  lc++;
}
```

  完整代码如下：

```cpp
#include <iostream>
#include <string>
using namespace std;
int main()
{
  string s1, s2;
  int a[101] = {0};
  int b[101] = {0};
  int c[101] = {0};
  cin >> s1 >> s2;
  int la = s1.length();
  int lb = s2.length();
  int lc = 0;
```

```
for(int i = la; i > 0; i--)
{
  a[i] = s1[la - i] - '0';
}
for(int i = lb; i > 0; i--)
{
  b[i] = s2[lb - i] - '0';
}
 lc = max(la, lb);
 for(int i = 1; i <= lc; i++)
 {
   c[i] = (a[i] + b[i]) % 10 + c[i];
   c[i + 1] = (a[i] + b[i]) / 10;
 }
 if(c[lc + 1])
 {
   lc++;
 }
for(int i = lc; i > 0; i--)
{
  cout << c[i];
}
    return 0;
}
```

学会了加法，减法呢？下面以131减12为例，演示求解过程。

step1：

a:	1	3	1
b:		1	2
退位：	0	0	0
c:			

step2：

	a:	1	3	11
	b:		1	2
−	借位:	0	1	0
	c:			9

step3：

	a:	1	3	11
	b:		1	2
−	借位:	0	1	0
	c:		1	9

step4：

	a:	1	3	11
	b:		1	2
−	借位:	0	1	0
	c:	1	1	9

计算过程如下：

计算从个位开始，直到最高位结束，对位相减，如果结果小于0，产生借位，高位减1，当前位加10，否则继续计算下一位。

$c[1]=a[1]-b[1]=1-2<0$，不够减，从高位借位，$c[1]=a[1]+10-b[1]=9$，$a[2]=3-1=2$；

$c[2]=a[2]-b[2]=2-1>0$，无须借位，所以$c[2]=1$；

$c[3]=a[3]-b[3]=1-0>0$，无须借位，所以$c[3]=1$；

最后的计算结果等于119。

减法的核心代码如下：

```
lc=1;
    while(lc<=la||lc<=lb)
    {
c[lc]+=a[lc]-b[lc];
    if(c[lc]<0)
    {
```

```
    c[lc+1]-=1;
    c[lc]+=10;
  }
    lc++;
}
```

确定结果的长度，判断最高位是否为0。

```
while(c[lc] == 0 && lc > 1)
    {
  lc--;
}
```

完整代码如下：

```
#include <iostream>
#include <string>
using namespace std;
int main()
{
  string s1, s2;
  int a[101] = {0};
  int b[101] = {0};
  int c[101] = {0};
  cin >> s1 >> s2;
  int la = s1.length();
  int lb = s2.length();
  int lc = 0;
  for(int i = la; i > 0; i--)
  {
    a[i] = s1[la - i] - '0';
  }
  for(int i = lb; i > 0; i--)
  {
```

```
    b[i] = s2[lb - i] - '0';
  }
  lc=1;
  while(lc<=la||lc<=lb)
  {
    c[lc]+=a[lc]-b[lc];
    if(c[lc]<0)
    {
      c[lc+1]-=1;
      c[lc]+=10;
    }
      lc++;
  }
  while(c[lc] == 0 && lc > 1)
  {
    lc--;
  }
  for(int i = lc; i > 0; i--)
  {
    cout << c[i];
  }
  return 0;
}
```

乘法？除法？留到下一节继续……

int型可以存9位，且小于2147483647（2的31次方减1）的数字，而数组的每个元素中只存了0到9中的一位数，可以说浪费了很多空间，在计算1234加1234时，前面的代码是这样存储的。

a	[4]	[3]	[2]	[1]
	1	2	3	4
b	[4]	[3]	[2]	[1]
	1	2	3	4

为了得到计算结果，对位相加需要4次。

如果我们按如下方式存储：

a	[4]	[3]	[2]	[1]
				1234
b	[4]	[3]	[2]	[1]
				1234

只用做1次加法即可求得结果，节省了时间。

一个整型元素里，要保存多少位数字才合适呢？考虑到乘法中，2个五位数相乘，结果最长有10位，超出了整型的保存范围，所以最大保留4位，只有在两数相加超过10000时，才产生进位，以上的存储方式可以理解为万进制的计算，也就是满10000进1。我们把本来不用高精的计算尽量地扩大来达到减少计算次数的目的，这样处理数据的方法有个很形象的名字叫作**压位**。如果使用压位，就要特别注意结果输出时0的问题，除最高位外，一切不足4位的数字输出时均需要在前面补上0以满足4位。

代码实现上，首先要调整存储方式。

当输入需要保存在字符串后，首先确定存储长度。

```
int la = (s1.length() + power - 1) / power;
int lb = (s2.length() + power - 1) / power;
```

上述表达式中，power表示一个整型元素里的存储长度，la和lb表示经过压位以后的存储长度，为什么这么写？上式可变为

$$新数长度 = \frac{原数长度}{单位长度} + \frac{单位长度-1}{单位长度}$$

如果恰好能够整除，则

$\dfrac{单位长度-1}{单位长度}$ 这部分按照整除规则计算结果为0。

如果不能整除，则上式可理解为

$$新数长度 = 已整除结果 + \dfrac{单位长度+小于单位长度部分-1}{单位长度}$$

$\dfrac{单位长度+小于单位长度部分-1}{单位长度}$ 这部分的计算结果等于1加0，等于1，所

以最后新数的长度为整除结果加1，不用写一大堆的条件判断语句，是不是很神奇？

讲完了新数的存储长度，我们来看具体的存储过程，简单来说，当power等于4时，每4位一存。

```
for(int i = 0, w = 1; i < s1.length(); w *= 10, i++)
  {
    if(i % power == 0)
    {
      w = 1;
      len++;
    }
    a[len] += w * (s1[s1.length() - 1 - i] - '0');
  }
```

加法的过程和前面基本一样，唯一不同在于进制有所调整。

```
for(int i = 1; i <= lc; i++)
  {
  c[i] = (a[i] + b[i]) % base + c[i];
  c[i + 1] = (a[i] + b[i]) / base;
}
if(c[lc + 1])
```

```
    {
  lc++;
    }
```

结果输出时，首先输出高位，除高位外，需要注意不足power位时，用0补足的情况。

```
cout << c[lc];
    for(int i = lc - 1; i >= 1; i--)
    {
        printf("%0*d", power, c[i]);
    }
```

printf函数的妙用是，在打印c[i]时，如果不足power位，则以0补足缺失位。

经过压位处理后的优化，完整代码如下：

```
#include <iostream>
#include <string>
using namespace std;
const int power = 4;
const int base = 10000;
int main()
{
    string s1, s2;
    int a[101] = {0};
    int b[101] = {0};
    int c[101] = {0};
    cin >> s1 >> s2;
    int la = (s1.length() + power - 1) / power;
    int lb = (s2.length() + power - 1) / power;
    int lc = 0;
    int len = 0;
    for(int i = 0, w = 1; i < s1.length(); w *= 10, i++)
    {
```

```
  if(i % power == 0)
  {
    w = 1;
    len++;
  }
a[len] += w * (s1[s1.length() - 1 - i] - '0');
 }
len = 0;
for(int i = 0,  w = 1; i < s2.length(); w *= 10,  i++)
    {
  if(i % power == 0)
  {
    w = 1;
    len++;
  }
b[len] += w * (s2[s2.length() - 1 - i] - '0');
}
lc = max(la,  lb);
for(int i = 1; i <= lc; i++)
{
  c[i] = (a[i] + b[i]) % base + c[i];
  c[i + 1] = (a[i] + b[i]) / base;
}
if(c[lc + 1])
{
  lc++;
    }
cout << c[lc];
for(int i = lc - 1; i >= 1; i--)
{
```

```
    printf("%0*d", power, c[i]);
 }
    return 0;
}
```

第八课　大数的乘法与除法

【问题描述】

求两个很大的正整数相乘的结果。

求解方法和竖式乘法相同，下面以138乘以12为例，演示求解过程。

step1：

	[4]	[3]	[2]	[1]
a：		1	3	8
b：			1	2
*				
c：				16

step2：

	[4]	[3]	[2]	[1]
a：		1	3	8
b：			1	2
*				
c：			6	16

step3：

	[4]	[3]	[2]	[1]
a：		1	3	8
b：			1	2
*				
c：		2	6	16

step4：

	[4]	[3]	[2]	[1]
a:		1	3	8
b:			1	2
*				
c:		2	14	16

step5：

	[4]	[3]	[2]	[1]
a:		1	3	8
b:			1	2
*				
c:		5	14	16

step6：

	[4]	[3]	[2]	[1]
a:		1	3	8
b:			1	2
*				
c:	1	5	14	16

step7：

	[4]	[3]	[2]	[1]
a:		1	3	8
b:			1	2
*				
c:	1	5	15	6

step8：

	[4]	[3]	[2]	[1]
a:		1	3	8
b:			1	2
*				
c:	1	6	5	6

计算过程如下：

第一轮：

c[1]+=a[1]*b[1]=0+16=16；

c[2]+=a[2]*b[1]=0+6=6；

c[3]+=a[3]*b[1]=0+2=2。

第二轮：

c[2]+=a[1]*b[2]=6+8=14；

c[3]+=a[2]*b[2]=2+3=5；

c[4]+=a[3]*b[2]=0+1=1。

处理进位：

c[1]=16>10，c[2]+=c[1]/10=15，c[1]=16%10=6；

c[2]=15>10，c[3]+=c[2]/10=6，c[2]=15%10=5；

c[3]=6<10，不用处理进位；

c[4]=1<10，不用处理进位。

计算时，先用a的每一位数字乘以b的第一位，保存在c中，第一轮计算完成后，继续用a的每一位数字乘以b的第二位，错位相加以求得最后结果，进位的处理可以在每一次计算时完成，完全模拟竖式的乘法计算过程。代码的编写过程难点在于实现错位相加，如果令a的下标为i，b的下标为j，观察上述两轮计算过程，可以得出c的下标可以表示为i+j−1，计算的关键代码如下：

```
for(int i=1;i<la;i++)
{
 for(int j=1;j<=lb;j++)
 {
   c[i+j-1]+=a[i]*b[j];
   c[i+j]+=c[i+j-1]/10;
   c[i+j-1]%=10;
    }
  }
```

计算完成以后，为了输出结果，还需要确定结果的长度，两数相乘，结果最长不会超过两数长度之和，从高位向低位依次排除多余的数字0。

```
lc=la+lb;
while(c[lc]==0 && lc>1)
{
  lc--;
}
```

确定长度后，依次倒序输出结果。

```
for(int i=lc;i>0;i--)
{
        cout<<c[i];
}
```

程序的完整代码如下：

```
#include <iostream>
#include <string>
using namespace std;
int main()
{
  string s1, s2;
  int a[101] = {0};
  int b[101] = {0};
  int c[101] = {0};
  cin >> s1 >> s2;
  int la = s1.length();
  int lb = s2.length();
  int lc = 0;
  for(int i = la; i > 0; i--)
  {
   a[i] = s1[la - i] - '0';
  }
 for(int i = lb; i > 0; i--)
  {
```

```
      b[i] = s2[lb - i] - '0';
  }
  for(int i = 1; i <= la; i++)
      {
      for(int j = 1; j <= lb; j++)
      {
          c[i + j - 1] += a[i] * b[j];
          c[i + j] += c[i + j - 1] / 10;
          c[i + j - 1] %= 10;
      }
  }
  lc = la + lb;
      while(c[lc] == 0 && lc > 1)
  {
      lc--;
  }
  for(int i = lc; i > 0; i--)
  {
      cout << c[i];
  }
      return 0;
  }
```

有了乘法，除法呢？下面以1234除以4为例，演示求解过程。

step1:

	[4]	[3]	[2]	[1]
a:	1	2	3	4
b:				4
/				
c:	0			

step2:

	[4]	[3]	[2]	[1]
a:	1	12	3	4
b:				4
/				
c:	0	3		

step3:

	[4]	[3]	[2]	[1]
a:	1	12	3	4
b:				4
/				
c:	0	3	0	

step4:

	[4]	[3]	[2]	[1]
a:	1	12	3	34
b:				4
/				
c:	0	3	0	8

继续模拟竖式除法，计算从高位开始，计算过程如下：

a[4]=1<4，不够除，所以c[4]=0，剩余1；

a[3]=1*10+2=12，除以4，所以c[3]=3；

a[2]=0*10+3=3，除以4，不够除，所以c[2]=0；

a[1]=3*10+4=34，除以4，所以c[1]=8；

最后的商为308，每次计算先用前一位计算的余数乘以10后，加上当前位的数，再对除数做除法，以求出当前位的结果，除法核心代码如下：

```
    lc = la;
for(int i = la; i >= 1; i--)
{
  c[i] = (t * 10 + a[i]) / b;
  t = (t * 10 + a[i]) % b;
    }
```

确定结果长度：

```
while(c[lc] == 0 && lc > 1)
{
  lc--;
 }
```

程序的完整代码如下：

```
#include <iostream>
#include <string>
using namespace std;
int main()
{
  string s1;
  int a[101] = {0};
  int b = 0;
  int c[101] = {0};
  cin >> s1 >> b;
  int la = s1.length();
  int lc = 0;
  for(int i = la; i > 0; i--)
  {
    a[i] = s1[la - i] - '0';
  }
  int t = 0;
  lc = la;
  for(int i = la; i >= 1; i--)
  {
    c[i] = (t * 10 + a[i]) / b;
    t = (t * 10 + a[i]) % b;
  }
      while(c[lc] == 0 && lc > 1)
```

```
    {
      lc--;
    }
    for(int i = lc; i > 0; i--)
    {
      cout << c[i];
    }
    return 0;
    }
```

写完之后，有没有觉得Windows中的计算器是如此的神奇和强大！

第九课　麦森数

学习麦森数之前，我们要先掌握下面的运算基础知识。

一、按位与运算符

符号	意义	运算规则	运算示例
&	参加运算的两个数据，按二进制位进行"与"运算，两位同时为"1"，结果才为"1"，否则为0	0&0=0，0&1=0，1&0=0，1&1=1	3&5：0011&0101=0001，值为1

"&"运算的主要作用：

（1）清零，如果想将一个单元清零，即使其全部二进制位为0，也要与一个每位都为零的数值进行"与"运算，结果为零。

（2）保留原数二进制中的特定位，具体做法是设X=10101110，若要保留X的后四位，用 X & 0000 1111 = 00001110 即为最终结果。

二、按位或运算符

符号	意义	运算规则	运算示例
|	参加运算的两个对象，按二进制位进行"或"运算，参加运算的两个对象只要有一个为1，其值为1	0|0=0，0|1=1，1|0=1，1|1=1	3|5：0011|0101=0111，值为7

"|"运算的主要作用：

将原数二进制中的特定位置设为1，具体做法是设X=10100000，若要将X后四位设为1，用X | 00001111 = 10101111即可得到。

三、异或运算符

符号	意义	运算规则	运算示例
^	参加运算的两个数据，按二进制位进行"异或"运算，参加运算的两个对象，如果两个相应位为"异"（值不同），则该位结果为1，否则为0	0^0=0, 0^1=1, 1^0=1, 1^1=0	3^5: 011^101=110

"^"运算的主要作用：

（1）将原数二进制中的特定位取反，具体做法是，设X=10101110，若要将X的后4位取反，用X＾00001111 = 10100001即可得到。

（2）数值与0进行"异或"运算，保留原值，X＾00000000 = 1010 1110。

四、取反运算符

符号	意义	运算规则	运算示例
~	参加运算的一个数据，按二进制位进行"取反"运算。对一个二进制数按位取反，即将0变为1，将1变为0	~1=0, ~0=1	~3=1100

"~"运算的主要作用：

将原数二进制中的最低位置0，可以表示为a&~1，~1的值为1111111111 1111110，再按"与"运算，最低位一定为0，因为"~"运算符的优先级比算术运算符、关系运算符、逻辑运算符和其他运算符都高。

五、左移运算符

符号	意义	移位规则	运算示例
<<	将一个运算对象的各二进制位全部左移若干位	左边的二进制位丢弃，右边补0	a=a<<2的意思是将a的二进制位左移2位，右边补0，操作数每左移一位，相当于该数乘以2

六、右移运算符

符号	意义	移位规则	运算示例
>>	将一个数的各二进制位全部右移若干位	正数左补0，负数左补1，右边丢弃	操作数每右移一位，相当于该数除以2，a=a>>2的意思是将a的二进制位右移2位。左补0或者1得看被移数是正还是负

下面的例子可以帮助我们更好地了解麦森数，当我们求a的b次方时，如果用以前的方法，很容易写出下面的代码：

```cpp
#include<iostream>
using namespace std;
int pow(int a, int b)
{
  int ans=1;
  while(b)
  {
    ans*=a;
    b--;
  }
return ans;
}
int main()
{
  int a, b;
  cin>>a>>b;
  cout<<pow(a, b);
}
```

以a等于2，b等于13为例，上面的做法相当于1*2*2*2*…*2=8192，一共做了13次乘法，有没有可能减少乘法的计算次数呢？在数学上，我们学过如果z=x+y，那么$a^z=a^x*a^y$，又因为任何数都可以写成若干二次幂之和的形式，例如，

$1^3=2^3+2^2+2^0=8+4+1$。所以$2^{13}=2^8*2^4*2^1=8192$，原来需要进行13次的乘法运算，现在只要进行3次即可。

```cpp
#include<iostream>
using namespace std;
typedef long long ll;
ll quickpow(ll a, ll b)
{
    ll ans=1;
    while(b)
    {
    if(b&1==1)
    {
     ans*=a;
    }
    a*=a;
    b>>=1;
    }
    return ans;
}
int main()
{
  int a, b;
  cin>>a>>b;
  cout<<quickpow(a, b);
}
```

以a等于2，b等于13为例，模拟上述代码的运行过程。

Step1：$ans=1*2^1$。

b	1101 & 0001=1
ans	1*2=2

a	2*2=4
b	110

step2: ans=$1*2^1$。

b	110 & 001=0
ans	2
a	4*4=16
b	11

step3: ans=$1*2^1*2^4$。

b	11 & 01=1
ans	2*16=32
a	16*16=256
b	1

step4: ans=$1*2^1*2^4*2^8$。

b	1 & 1=1
ans	32*256=8192
a	256*256=65536
b	0

这样的计算方式有个很形象的名字叫**快速幂**。抛开前面讲过的二进制，快速幂的数学原理很简单，当b是奇数时，有 $a^b = a * a^{b-1}$；当b是偶数时，有 $a^b = a^{b/2} * a^{b/2}$，当b等于0时，直接返回1。

```cpp
#include<iostream>
using namespace std;
typedef long long ll;
ll quickpow(ll a, ll b)
{
    if(b==0)
    {
```

```
        return 1;
    }
    if(b%2==1)
    {
        return a*quickpow(a, b-1);
    }
    else
    {
        ll res=quickpow(a, b/2);
        return res*res;
    }
}
int main()
{
    int a, b;
    cin>>a>>b;
    cout<<quickpow(a, b);
}
```

以a等于2，b等于13为例，模拟上述代码的运行过程。

$2^{13}=2*2^{12}$；

$2^{12}=2^6*2^6$；

$2^6=2^3*2^3$；

$2^3=2*2^2$；

$2^2=2^1*2^1$；

$2^1=2*2^0$；

$2^0=1.$

上述代码中，if(b % 2 == 1)可以改写为if(b & 1)，同为判断奇数，这样执行速度更快。因为"+""–"运算一般使用2个CPU时钟，位运算"&"只要1个，"*"运算要4个，"/"运算要40个。

在计算时，经常要去求一些大数对于某个数的余数，为了得到更快、计算

范围更广的算法，产生了快速幂取模算法。所谓的快速幂取模，就是快速地求一个幂式的模(余)。

模运算的运算规则如下：

（1）(a+b)%c=(a%c+b%c)%c；

（2）(a−b)%c=(a%c−b%c)%c；

（3）(a*b)%c=(a%c*b%c)%c；

（4）(ab)%c=((a%c)b)%c.

基于式（4），可将上述求快速幂的代码修改为

```cpp
using namespace std;
int pow(int a, int b, int c)
{
  int ans=1;
  int base=a%c;
  while(b)
  {
    ans*=base;
    b--;
  }
  return ans%c;
}
```

如果a或者b很大，上述代码还是会存在溢出的风险，因为某个因子取余之后相乘，再取余，余数不变。上述代码可进一步修改为

```cpp
using namespace std;
int pow(int a, int b, int c)
{
  int ans=1;
  int base=a%c;
  while(b)
  {
    ans=(ans*base)%c;
```

```
    b--;
  }
 return ans%c;
    }
```

最后，我们还可以利用快速幂的计算方式进一步降低时间复杂度。上述代码修改为：

```
typedef long long ll;
ll quickpow(ll a, ll b, ll c)
{
  ll ans=1;
  ll base=a%c;
  while(b)
  {
  if(b&1==1)
  {
  ans=(ans*base)%c;
  }
  a=(a*a)%c;
  b>>=1;
 }
 return ans%c;
    }
```

形如2^p-1的素数称为**麦森数**，这时p一定也是个素数，但反过来不一定，即如果p是个素数，2^p-1不一定也是素数。到1998年底，人们已找到了37个麦森数，最大的一个是p=3021377，它有909526位，麦森数有许多重要应用，它与完全数密切相关。

【问题描述】

从文件中输入p（1000 < p < 3100000），计算2^p-1的位数和2^p-1最后500位数字（用十进制高精度数表示）。

【输入】

一个整数p（1000 < p < 3100000）

【输出】

第1行：十进制高精度数2^p-1的位数。

第2~11行：十进制高精度数2^p-1的最后500位数字（每行输出50位，共输出10行，不足500位时高位补0）。

不必验证2^p-1与p是否为素数。

关于第一问，2^p-1的位数问题，我们可以先考虑10^p的位数问题。

10^1位数为2，

10^2位数为3，

10^3位数为4，

……

由此可以得出，10^n位数为n+1，如果2^p-1可以写成10^n的形式，位数就好计算了。因为2可以写成10^{lg2}的形式，2^p可以写成（10^{lg2}）^{p}，所以2^p-1的位数可以表示为lg2*p+1，C++中cmath库自带log10( )函数，这样一来，位数问题就很容易解决了。

很显然，麦森数后500位的求解要用到高精度乘法，如果直接模拟计算p次，肯定会超时，我们要想办法减少乘法的计算次数，前文中提及的快速幂是个不错的选择。

```cpp
#include <bits/stdc++.h>
#define ll long long
#define maxn 200000
using namespace std;
const int INF = 0x3f3f3f3f;
int base[maxn];
int res[maxn];
int t[maxn];
int p;
void multi(int a[], int b[], int c[])
{
```

```
  a[0] = min(a[0],  501);
  b[0] = min(b[0],  501);
  c[0] = min(501,  a[0] + b[0]);
  for(int i = 1; i <= c[0]; i++)
  {
    c[i] = 0;
  }
  for(int i = 1; i <= a[0]; i++)
  {
    for(int j = 1; j <= b[0]; j++)
    {
      c[i + j - 1] += a[i] * b[j];
    }
  }
      for(int i = 1; i <= c[0]; i++)
    {
      c[i + 1] += c[i] / 10;
      c[i] %= 10;
    }
   while(!c[c[0]] && c[0] > 1)
    {
     c[0]--;
    }
}
void pow(int b)
{
  while(b)
  {
    if(b & 1)
    {
```

```
        multi(res, base, t);
        for(int i = 1; i <= t[0]; i++)
        {
            res[i] = t[i];
        }
            res[0] = t[0];
        }
      multi(base, base, t);
      for(int i = 1; i <= t[0]; i++)
      {
          base[i] = t[i];
      }
      base[0] = t[0];
      b >>= 1;
    }
}
int main()
{
    base[0] = 1;
    base[1] = 2;
    res[0] = 1;
    res[1] = 1;
    cin >> p;
    pow(p);
    cout << floor(log(2) / log(10)*p + 1) << endl;
    res[1] -= 1;
    for(int i = 500; i >= 1; i -= 1)
    {
        if(i != 500 && i % 50 == 0)
        {
```

```
    printf("\n%d", res[i]);
  }
  else
  {
    printf("%d", res[i]);
  }
}
    return 0;
}
```

除了快速幂之外，压位也能帮我们节省计算的时间，一个2一个2地相乘太慢了，如果能一次多乘几个2就好了，long long类型可以保存的最大值为9223372036854775807，一共19位，既然能够保存这么大的数值，那么不如一次乘以2^{56}（72057594037927936）。

```
#include<bits/stdc++.h>
using namespace std;
long long n, i, j, a[501];
int main()
{
  cin >> n;
  cout << floor(log(2) / log(10)*n + 1) << endl;
  a[0] = 1;
  for(i = 0; i < n - 56; i = i + 56)
  {
    for(j = 0; j < 501; j++)
    {
      if(a[j] == 0)
      {
        continue;
      }
    a[j] = a[j] * 72057594037927936;
```

```
        }
        for(j = 0; j < 501; j++)
        {
           if(a[j] > 9)
           {
             a[j + 1] = a[j + 1] + a[j] / 10,  a[j] = a[j] % 10;
//进位
           }
        }
          }
        for(; i < n; i++) //剩下的也要乘下去……
          {
      for(j = 0; j < 501; j++)
           {
      if(a[j] == 0)
      {
         continue;
      }
      a[j] = a[j] * 2;
    }
    for(j = 0; j < 501; j++)
    {
       if(a[j] > 9)
       {
         a[j + 1] = a[j + 1] + a[j] / 10,  a[j] = a[j] % 10;
       }
    }
      }
    for(i = 499; i > 0; i--)
    {
```

```
    cout << a[i];
    if(i % 50 == 0)
    {
      cout << endl;
    }
  }
  cout << a[0] - 1; //因为要-1, 单独输出
  return 0;
}
```

上述代码其实还可以更好，虽然一次乘很大的数，减少了乘法的运算量，但是long long空间保存的有效位数却仍然只有1位，所以在处理进位的时候，依然要一位一位地判断，降低了代码的效率，如果能够保存4位有效位数，500位数字只要处理125次即可，但如果继续乘以2^{56}（72057594037927936），4+17=21，最终乘法的结果可能会有21位，超出了long long 的保存范围，不能乘以太大的数字，折中一下，我们乘以2^{40}（1099511627776），4+13=17，就不会有溢出的危险，特别要注意的是在输出结果时，因为每个单元保存的是4位有效数字，结果要求每50位换一行，所以要每两位输出后，进行一次换行判断。

```
#include<iostream>
#include<cmath>
using namespace std;
long long a[129], n, i, j, sum = 0;
int main()
{
  cin >> n;
  cout << floor(log(2) / log(10)*n + 1) << endl;
  a[1] = 1;
  for(; i <= n - 40; i = i + 40)
  {
    for(j = 1; j <= 125; j++)
    {
```

```
    if(a[j] != 0)
    {
      a[j] = a[j] * 1099511627776;
    }
  }
  for(j = 1; j <= 125; j++)
  {
    if(a[j] > 9999) //进位……
    {
      a[j + 1] = a[j + 1] + a[j] / 10000,
      a[j] = a[j] % 10000;
    }
  }
}
for(; i < n; i++) //剩下的还要乘完……
  {
  for(j = 1; j <= 125; j++)
  {
    if(a[j] != 0)
    {
      a[j] = a[j] * 2;
    }
  }
  for(j = 1; j <= 125; j++)
  {
    if(a[j] > 9999)
    {
      a[j + 1] = a[j + 1] + a[j] / 10000,
      a[j] = a[j] % 10000;
    }
```

```
    }
      }
  for(i = 125; i > 1; i--)
  {
    cout << a[i] / 1000 << a[i] / 100 % 10;
    sum = sum + 2;
    if(sum == 50)
    {
      cout << endl;     //有可能在一个四位的中间需要输出回车
      sum = 0;
    }
    cout << a[i] / 10 % 10 << a[i] % 10;
    sum = sum + 2;
    if(sum == 50)
    {
      cout << endl;
      sum = 0;
    }
  }
      cout << a[1] / 1000 << a[1] / 100 % 10 << a[1] / 10 %
10 << a[1] % 10 - 1; //最后一位单独输出……
  return 0;
}
```

第十课 铺地毯

【问题描述】

为了准备一个独特的颁奖典礼，组织者在会场的一片矩形区域（可看作平面直角坐标系的第一象限）铺上一些矩形地毯。一共有n张地毯，编号从1到n。现在将这些地毯按照编号从小到大的顺序平行于坐标轴先后铺设，后铺的地毯覆盖在前面已经铺好的地毯之上。

地毯铺设完成后，组织者想知道覆盖地面某个点的最上面的那张地毯的编号。注意：矩形地毯边界和四个顶点上的点也算被地毯覆盖。

【输入】

输入共n+2行。

第一行，一个整数n，表示总共有n张地毯。

接下来的n行中，第i+1行表示编号i的地毯的信息，包含四个正整数a，b，g，k，每两个整数之间用一个空格隔开，分别表示铺设地毯的左下角的坐标(a，b)以及地毯在x轴和y轴方向的长度。第n+2行包含两个正整数x和y，表示所求的地面的点的坐标(x，y)。

【输出】

输出共1行，是一个整数，表示所求地毯的编号；若此处没有被地毯覆盖则输出-1。

输入	输出
3 1 0 2 3 0 2 3 3 2 1 3 3 2 2	2

续　表

输入	输出
3 1 0 2 3 0 2 3 3 2 1 3 3 4 5	-1

第一组测试数据的解释说明：

1号地毯用实线表示，2号地毯用虚线表示，3号地毯用双实线表示，覆盖点(2，2)的最上面一张地毯是3号地毯。

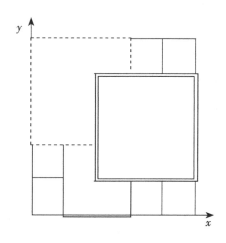

我们可以按顺序，逐块地毯查找，直到找到覆盖在指定点最上面的那块地毯，输出其编号即可。因为地毯的铺设顺序已定，又要查找最上面的那块，所以查找时，逆序比正序更合适。接下来，我们看看如何算覆盖？令x1<x2，y1<y2，设矩形地毯的四个顶点坐标分别为(x1，y1)，(x1，y2)，(x2，y1)，(x2，y2)。只有当前点的坐标x，y的值满足x>=x1并且x<=x2，同时，y>=y1并且y<=y2，当前点才在地毯上。其实，从下图中可以看出，描述平面直角坐标系中的矩形区域只要保存对角线上的坐标即可。

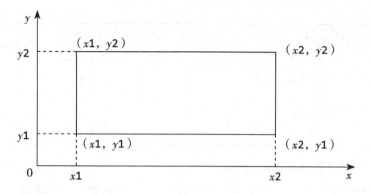

【程序实现】

```cpp
#include <iostream>
#include <string>
#include <algorithm>
using namespace std;
struct Rectangular
{
  int x;
  int y;
  int l;
  int w;
}
    r[10000+10];
int main()
{
  int n;
  cin >> n;
  int i, j;
  for(i = 1; i <= n; i++)
  {
   cin >> r[i].x >> r[i].y >> r[i].l >> r[i].w;
  }
```

```
    int x, y;
    cin >> x >> y;
    int f = 0;
    for(i = n; i >= 1; i--)
    {
        if(x >= r[i].x && x <= r[i].x + r[i].l && y >= r[i].y
&& y <= r[i].y + r[i].w)
        {
            cout << i << endl;
            f = 1;
            break;
        }
    }
    if(f == 0)
    {
        cout << -1 << endl;
    }
    return 0;
}
```

在这段代码中，我们定义了一种名为Rectangular的新类型来描述问题中的矩形区域，Rectangular的新类型拥有四个成员属性，即x，y，l，w，分别代表地毯的左下角的坐标(a，b)以及地毯在x轴和y轴方向的长度。在实际问题中，所要定义的对象往往会很复杂，可能需要好几种不同的数据类型来完成。例如，我们描述一个学生时，姓名应该是字符类型，学号是整数类型，成绩为实数类型，在写程序时，单靠某一种类型都是无法描述学生这样的对象的。为了解决这种问题，C++给出了"结构体"的办法。

定义一个结构的一般形式如下：

struct 结构名

{成员表列}

前文中出现的学生我们可以描述如下：

```
struct stu
{
int num;
char name[20];
float score;
//结构体中也可以有成员函数
};
```

关于结构体的使用，我们可以在结构体描述完成后，直接声明该类型是变量还是数组。

```
struct Rectangular
{
  int x;
  int y;
  int l;
  int w;
}
 r[10000+10];
```

上述程序中定义了长度为10000+10的Rectangular类型的数组r，我们还可以使用r[i].x，r[i].y，r[i].l，r[i].w这样的形式来访问每一个成员，下面的代码利用循环结构为数组r的每个变量x、y、l、w属性赋值。

```
for(i = 1; i <= n; i++)
   {
cin >> r[i].x >> r[i].y >> r[i].l >> r[i].w;
   }
```

Rectangular	r [0]	r [1]	r [2]
x	x=1	x=0	x=2
y	y=0	y=2	y=1
l	l=2	l=3	l=3
w	w=3	w=3	w=3

　　赋值完成后，我们就可以按照既定思路，逆序寻找覆盖指定点最上面的地毯了。

　　核心代码如下：

```
int f = 0;
    for(i = n; i >= 1; i--)
{
    if(x >= r[i].x && x <= r[i].x + r[i].l && y >= r[i].y &&
y <= r[i].y + r[i].w)
    {
        cout << i << endl;
        f = 1;
        break;
    }
    }
```

第十一课　火星人

【问题描述】

对于一个有5个元素的数组，如{1，2，3，4，5}，输出它所有长度为5的全排列。

全排列：从n个不同元素中任取m（m≤n）个元素，按照一定的顺序排列起来，叫作从n个不同元素中取出m个元素的一个排列，当m=n时所有的排列情况叫作**全排列**。

如{1，2，3}三个元素的全排列为：1，2，3；1，3，2；2，1，3；2，3，1；3，1，2；3，2，1。共3*2*1=6种。

集合的元素不多，只有5个，完全可以依靠枚举来处理，每重循环对应一个位置，每次枚举当前位置可以放置的元素。特别要注意的是，元素不可以重复使用，如果第一个位置放了数字1，第二个位置的元素只能从剩下的元素中选出。

【程序实现】

```
#include<cstdio>
#include<iostream>
using namespace std;
int main()
{
  int n = 5;
  for(int a = 1; a <=n; a++)
  {
    for(int b = 1; b <=n; b++)
```

```
    {
      if(b == a)
      {
        continue;
      }
    for(int c = 1; c <=n; c++)
    {
      if(c == a || c == b)
      {
        continue;
      }
    for(int d = 1; d <=n; d++)
    {
     if(d == a || d == b || d == c)
     {
       continue;
     }
    cout << a << b << c << d << 15 - a - b - c - d << endl;
    }
   }
  }
   }
    return 0;
  }
```

循环只写四重就好，前4个位置的数字一旦确定下来，最后一个数字也就明确了。

如果n变得很大，用这样的办法去处理，那就很令人头疼了。

再来研究下上述找全排列的方法，从全部的元素中找1个放到第一位，然后从剩下的元素中找1个放到第二位……重复这个动作，直到确定第n位元素为止，每次都只找1个元素，找n次。发现这种方法完全满足递归求解的形式，通

过不断确定元素来缩小问题规模，每次查找元素的方法都一样，都是从剩下的元素中找1个，由此可以考虑使用"递归函数"来描述这个方案。在查找的过程中，可以设定一个标记数组book来帮助我们排除已经确定的元素，从而避免使用重复元素，当n个位置全都确定下来，递归到达终点，程序结束。

关键代码如下：

```cpp
void permutation(int cur)
{
  if(cur > n)
  {
    for(int i = 1; i <= n; i++)
    {
     cout << ans[i];
    }
     cout << endl;
     return;
  }
    for(int i = 1; i <= n; i++)
    {
      if(book[i] == 0)
      {
        ans[cur] = a[i];
        book[i] = 1;
        permutation(cur + 1);
        book[i] = 0;
      }
    }
    }
```

permutation函数首先通过 if(cur > n)语句判断是否已经确定完所有的位置，如果确定完，打印当前结果，否则，枚举集合中的每一个元素。如果该元素未被使用，则标记该元素后，放在当前位置，继续确定下一个位置，标记元素后，还要记得释放它，即book[i] = 0，否则确定其他位置时，就无法使用该无素了。

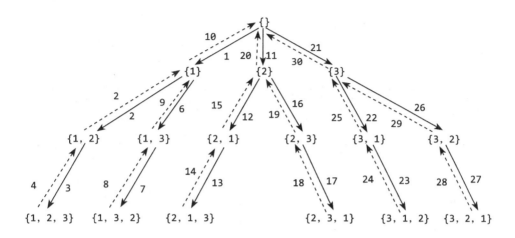

1		加入元素1
book	val	permutation(1)
1	1	cur=1
2	0	i=1
3	0	ans[1]=1

2		加入元素2
book	val	permutation(2)
1	1	cur=2
2	1	i=2
3	0	ans[2]=2

3		加入元素3
book	val	permutation(3)
1	1	cur=3
2	1	i=3
3	1	ans[3]=3

4		输出结果
book	val	permutation(4)
1	1	cur=4>3
2	1	输出结果：
3	1	1, 2, 3

5		释放元素3
book	val	permutation(3)
1	1	cur=3
2	1	i=3
3	0	ans[3]=3

6		释放元素2
book	val	permutation(2)
1	1	cur=2
2	0	i=2
3	0	ans[2]=2

7		加入元素3
book	val	permutation(2)
1	1	cur=2
2	0	i=3
3	1	ans[2]=3

8		加入元素2
book	val	permutation(3)
1	1	cur=3
2	1	i=2
3	1	ans[3]=2

9 输出结果

book	val	permutation(4)
1	1	cur=4>3
2	1	输出结果：
3	1	1,3,2

10 释放元素2

book	val	permutation(3)
1	1	cur=3
2	0	i=2
3	1	ans[3]=2

11 释放元素3

book	val	permutation(2)
1	1	cur=2
2	0	i=3
3	0	ans[2]=3

12 释放元素1

book	val	permutation(1)
1	0	cur=1
2	0	i=1
3	0	ans[1]=1

13 加入元素2

book	val	permutation(1)
1	0	cur=1
2	1	i=2
3	0	ans[1]=2

14 加入元素1

book	val	permutation(2)
1	1	cur=2
2	1	i=1
3	0	ans[2]=1

15 加入元素3

book	val	permutation(3)
1	1	cur=3
2	1	i=3
3	1	ans[3]=3

16 输出结果

book	val	permutation(4)
1	1	cur=4>3
2	1	输出结果：
3	1	2,1,3

17 释放元素3

book	val	permutation(3)
1	1	cur=3
2	1	i=3
3	0	ans[3]=3

18 释放元素1

book	val	permutation(2)
1	0	cur=2
2	1	i=1
3	0	ans[2]=1

19 加入元素3

book	val	permutation(2)
1	0	cur=2
2	1	i=3
3	1	ans[2]=3

20 加入元素1

book	val	permutation(3)
1	1	cur=3
2	1	i=1
3	1	ans[3]=1

21 输出结果

book	val	permutation(4)
1	1	cur-4>3
2	1	输出结果：
3	1	2,3,1

22 释放元素1

book	val	permutation(3)
1	0	cur=3
2	1	i=1
3	1	ans[3]=1

23			释放元素3
book	val		permutation(2)
1	0		cur=2
2	1		i=3
3	0		ans[2]=3

24			释放元素2
book	val		permutation(1)
1	0		cur=1
2	0		i=2
3	0		ans[1]=2

25			加入元素3
book	val		permutation(1)
1	0		cur=1
2	0		i=3
3	1		ans[1]=3

26			加入元素1
book	val		permutation(2)
1	1		cur=2
2	0		i=1
3	1		ans[2]=1

27			加入元素2
book	val		permutation(3)
1	1		cur=3
2	1		i=2
3	1		ans[3]=2

28			输出结果
book	val		permutation(4)
1	1		cur=4>3
2	1		输出结果:
3	1		3,1,2

29			释放元素2
book	val		permutation(3)
1	1		cur=3
2	0		i=2
3	1		ans[3]=2

30			释放元素1
book	val		permutation(2)
1	0		cur=2
2	0		i=1
3	1		ans[2]=1

31			加入元素2
book	val		permutation(2)
1	0		cur=2
2	1		i=2
3	1		ans[2]=2

32			加入元素1
book	val		permutation(3)
1	1		cur=3
2	1		i=1
3	1		ans[3]=1

33			输出结果
book	val		permutation(4)
1	1		cur=4>3
2	1		输出结果:
3	1		3,2,1

34			释放元素1
book	val		permutation(3)
1	0		cur=3
2	1		i=1
3	1		ans[3]=1

35			释放元素2
book	val		permutation(2)
1	0		cur=2
2	0		i=2
3	1		ans[2]=2

36			释放元素3
book	val		permutation(1)
1	0		cur=1
2	0		i=3
3	0		ans[1]=3

完整代码如下：

```cpp
#include<iostream>
using namespace std;
const int N = 1000;
int a[N],ans[N],n;
bool book[N];
void permutation(int cur)
{
  if(cur > n)
  {
    for(int i = 1; i <= n; i++)
    {
     cout << ans[i];
    }
     cout << endl;
     return;
  }
    for(int i = 1; i <= n; i++)
      {
      if(book[i] == 0)
      {
        ans[cur] = a[i];
        book[i] = 1;
        permutation(cur + 1);
        book[i] = 0;
      }
    }
}
int main()
{
```

```
cin >> n;
for(int i = 1; i <= n; i++)
{
    cin >> a[i];
}
permutation(1);
return 0;
}
```

整个求解过程，可以看作不断探索、构造的过程，按照一定的顺序和规则去搜索每条支路，当无法进一步搜索时，回到上一个节点，直到所有的节点都搜索一遍，我们称这样的搜索方法叫作**深度优先搜索**。

有时，集合中的元素还有重复的情况，例如{1，1，2，2}，如果我们依然使用上述方法处理，那么对于结果重复的排列，如何保证其只出现一次呢？

我们可以从每种元素的角度来考虑这个问题，对于当前的位置，枚举所有的元素种类。如果该种元素有剩余，就可以放入一个该种元素后，搜索下一个位置；如果该种元素没有剩余元素可用，则取下一种元素使用。

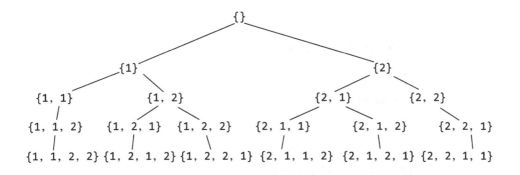

完整代码如下：

```
#include<iostream>
using namespace std;
const int N = 101;
int a[N],ans[N];
int n,cnt[N];
```

```
void permutation(int cur)
{
  if(cur > n)
  {
   for(int i = 1; i <= n; i++)
   {
    cout << ans[i];
    }
    cout << endl;
    return;
  }
   for(int i = 1; i <= n; i++)
   {
    if(i == 1 || a[i] != a[i - 1])
    {
      int num = 0;
      for(int j = 0; j < cur; j++)
      {
        if(ans[j] == a[i])
        {
          num++;
        }
      }
      if(num < cnt[a[i]])
      {
        ans[cur] = a[i];
        permutation(cur + 1);
      }
    }
   }
```

```
}
int main()
{
  cin >> n;
  for(int i = 0; i < n; i++)
  {
   cin >> a[i];
   cnt[a[i]]++;
  }
  permutation(1);
}
```

在上述代码中，不再用book标记该元素是否被使用，而是用if(i == 1 || a[i] != a[i – 1])判断当前元素是否和上一个相同。如果相同，意味着它们是同种元素，放在同一个位置会造成结果的重复，取下一种元素。新的元素是否可以放在当前位置上呢？还不行，要统计该元素是否还有剩余，如果有剩余，则可才放在当前位置上，如果没有剩余，则取下一种元素继续判断，直到所有的位置都被确定。

全排列还有另一个递归求解思路，当集合中只有1个元素时，其全排列只有一种；当集合的元素有3个时，{a，b，c}的全排列等于下面三个全排列的并集。

以a开头，拼接上{b，c}的所有全排列；

以b开头，拼接上{a，c}的所有全排列；

以c开头，拼接上{a，b}的所有全排列。

如果E = {a，b，c}，则 prem{E}= a.perm{b，c}+ b.perm{a，c}+ c.perm{a，b}。

其中a.perm{b，c}= ab.perm{c}+ ac.perm{b}= abc + acb；

b.perm{a，c}= ba.perm{c}+ bc.perm{a}= bac + bca；

c.perm{a，b}= ca.perm{b}+ cb.perm{a}= cab + cba。

如果集合E由3个元素a，b，c构成，那么E的全排列由a.perm{b，c}，b.perm{a，c}，c.perm{a，b}共同构成。

所以，对于{1，2，…，n}的全排列，我们可以将问题转换成n个子问题：

以1开头，拼接上{2，…，n}（除1外）的所有全排列；

以2开头，拼接上{1，…，n}（除2外）的所有全排列；

……

以n开头，拼接上{1，…，n−1}（除n外）的所有全排列。

而每个子问题又可以继续向下转化成n−1个子问题，最终可以转化到只有一个元素的全排列问题。

完整代码如下：

```cpp
#include<iostream>
using namespace std;
const int N = 101;
int a[N];
int n;
void permutation(int cur)
{
  if(cur > n)
  {
    for(int i = 1; i <= n; i++)
    {
      cout << a[i];
    }
    cout << endl;
    return;
  }
  for(int i = cur; i <= n; i++)
  {
    swap(a[cur], a[i]);
    permutation(cur + 1);
    swap(a[cur], a[i]);
  }
}
```

```
int main()
{
  cin >> n;
  for(int i = 1; i <= n; i++)
  {
    cin >> a[i];
  }
  permutation(1);
}
```

这时，用集合{1，1，2，2}测试这段代码，依然会遇到刚才提到的结果重复的问题。如果能够正确理解递归的思路，不难发现，为了解决结果的重复问题，在每次选取元素放到集合之前时，要先检查是否有相同的元素在当前位置出现过，如果出现过，就放弃使用该元素，转而使用下一个元素继续检查。检查的元素为a[cur]到a[i-1]，这些元素都是曾在cur位置上出现过的元素，如果a[i]和其中某个元素相等了，则说明a[i]已经出现过，不能放在cur位置上。

检查重复代码如下：

```
int chk(int from,  int to)
{
  for(int i = from; i < to; i++)
  {
    if(a[i] == a[to])
    {
      return 0;
    }
  }
  return 1;
}
```

完整代码如下：

```
#include<iostream>
using namespace std;
```

```cpp
const int N = 101;
int a[N];
int n;
int chk(int from,  int to)
{
  for(int i = from; i < to; i++)
  {
    if(a[i] == a[to])
    {
      return 0;
    }
  }
      return 1;
}
void permutation(int cur)
{
  if(cur > n)
  {
    for(int i = 1; i <= n; i++)
    {
      cout << a[i];
    }
      cout << endl;
      return;
  }
  for(int i = cur; i <= n; i++)
  {
    if(chk(cur,  i))
    {
      swap(a[cur],  a[i]);
```

```
        permutation(cur + 1);
        swap(a[cur],  a[i]);
      }
    }
}
int main()
{
  cin >> n;
  for(int i = 1; i <= n; i++)
  {
    cin >> a[i];
  }
  permutation(1);
}
```

假设人类终于登上了火星的土地并且见到了神秘的火星人，人类和火星人都无法理解对方的语言，但是人类科学家发明了一种用数字交流的方法。这种交流方法是这样的，首先，火星人把一个非常大的数字告诉人类科学家，科学家破解这个数字的含义后，再把一个很小的数字加到这个大数上面，把结果告诉火星人，作为人类的回答。

火星人用一种非常简单的方式来表示数字——掰手指。火星人只有一只手，但这只手上有成千上万根手指，这些手指排成一列，分别编号为1，2，3…。火星人的任意两根手指都能随意交换位置，他们就是通过这种方法计数的。

一个火星人用一只人类的手演示了如何用手指计数，如果把5根手指——拇指、食指、中指、无名指和小指分别编号为1，2，3，4和5，当它们按正常顺序排列时，形成了五位数12345；当交换无名指和小指的位置时，会形成新的五位数12354；当你把5根手指的顺序完全颠倒时，会形成54321。在所有能够形成的120个五位数中，12345最小，它表示1；12354第二小，它表示2；54321最大，它表示120。下面展示了只有3根手指时能够形成的6个三位数和它们代表的数字：

三位数	代表的数字
123·····················1
132·····················2
213·····················3
231·····················4
312·····················5
321·····················6

现在你有幸成了第一个和火星人交流的地球人，一个火星人会让你看他的手指，科学家会告诉你要加上去的那个很小的数。你的任务是，把火星人用手指表示的数与科学家告诉你的数相加，并根据相加的结果改变火星人手指的排列顺序，然后输入数据，保证这个结果不会超出火星人手指能表示的范围。

【输入样例】

5

3

1 2 3 4 5

【输出样例】

1 2 4 5 3

有了前面全排列的知识，题意就变得简单了，按照字典序求当前全排列之后第m个全排列的值，例如：

12345之后第1个全排列值：12354；

12345之后第2个全排列值：12435；

12345之后第3个全排列值：12453。

如果按照前面求解全排列的思路，从排列的初始状态出发，直到找到题目所给的排列后，以此为起点，向后推算m个排列后的输出结果。火星人的手指如果不多，这样的方法也许能在规定的时间内找到结果，一旦火星人手指数量巨大，程序可能就会花费很多的时间去找到推算的起点。能不能直接从给定的起点开始推算呢？

①	②	③	④	⑤
2	3	1	4	5

对于第①位来说，1、2已经尝试过了，还有3、4、5未用；

对于第②位来说，1、2、3已经尝试过了，还有4、5未用；

对于第③位来说，1已经尝试过了，还有2、3、4、5未用；

对于第④位来说，1、2、3、4已经尝试过了，还有5未用；

对于第⑤位来说，已经全部尝试过了，可以从1开始，重新判断。

第⑤位已确定完毕，回溯后，从第④位开始，因为还有5没有使用，所以第④位放5，于是前四位分别是2、3、1、5，最后一位只能放4。

①	②	③	④	⑤
2	3	1	5	4

第⑤位已确定完毕，回溯后，继续从第④位开始，因为第④位上可以尝试的数字都用完了，所以可以从1开始重新判断，第④位能够尝试的数字都用完了，继续回溯，第③位本应该放2，但2在第①位已经出现过了，没法使用，考虑3，3在第②位也出现过了，所以只能放4，然后处理第④位。同理，第④位放1，第⑤位放5。

①	②	③	④	⑤
2	3	4	1	5

第⑤位已确定完毕，回溯后，继续从第④位开始，从1开始尝试，发现最后能用的只有5，所以第④位放5，最后第⑤位放1。

①	②	③	④	⑤
2	3	4	5	1

整个推算过程如前所示。在这个过程中，最重要的是要告诉计算机，当前位是否已经按照字典序尝试过全部数字了，如果没有，请按照字典序继续枚举；如果已经尝试完，可以从1开始重新枚举。最简单的解决办法，可以使用一个新数组标记当前位是否已经枚举完毕。

完整代码如下：

```cpp
#include <iostream>
#include <cstdio>
#include <cstring>
#include <cctype>
#include <cmath>
#include <string>
#include <cstdlib>
#include <algorithm>
#include <map>
#include <queue>
#include <vector>
using namespace std;
int n, m;
int a[10001], f[10001], vis[10001];
void DFS(int p)
{
  if(p == n)
  {
    m--;
  }
  if(m == 0)
  {
    return;
  }
  int i = 0;
  if(f[p] == 1)
  {
    i = 1;
  }
```

```
else
{
 i = a[p];
}
for(i; i <= n && m != 0; i++)
{
 if(vis[i] == 0)
 {
   a[p] = i;
   vis[i] = 1;
   DFS(p + 1);
   vis[i] = 0;
 }
}
f[p] = true;
}
int main()
{
  cin >> n >> m;
  m++;
  int i;
  for(i = 0; i < n; i++)
  {
   cin >> a[i];
  }
  DFS(0);
  for(i = 0; i < n; i++)
  {
   cout << a[i] << ' ';
  }
```

```
    return 0;
        }
```

当n=5时，设12345为所有全排列中的第一个，火星人问题就变成了求出给定全排列在所有全排列中的排名，且该排名之后第m个全排列的值。先看第一个问题，求出给定全排列在所有全排列中的排名。以21345为例，排名的计算过程如下：

考虑第一位，第一位是2，比2小的数字只有1，因此，当第一位等于1时，比当前全排列小的排列个数有1*4*3*2*1=1*4！=24个。

考虑第二位，第二位是1，比1小的数字没有，因此，共有0个比当前全排列小的排列。

考虑第三位，第三位是3，比3小的数字有1、2，但数字1、2都在前面使用过了，因此，共有0个比当前全排列小的排列。

考虑第四位，第四位是4，比4小的数字有1、2、3，但数字1、2、3都在前面使用过了，因此，共有0个比当前全排列小的排列。

考虑第五位，前面四位确定后，第五位亦随之确定下来，比5小的数字1、2、3、4都已在前面使用过，所以共有0个比当前全排列小的排列产生。

全排列21345的排名是24+0+0+0+0+1=25，前面有24个比自己小的，自己的排名还要加1才行。计算分为五个步骤，每个步骤都在找两个数的乘积，第一个数是有多少个数字比当前位要小且还没有被使用过，第二个数是当前位数减1后的阶乘。

完整代码如下：

```cpp
#include<iostream>
#include<cstdio>
#include<cstring>
using namespace std;
int a[10005];
int fac[10005];
int n;
int main()
{
```

```
cin >> n;
fac[0] = 1;
for(int i = 1; i <= n; i++)
{
 fac[i] = fac[i - 1] * i;
}
int ans = 1;
for(int i = 1; i <= n; i++)
{
 cin >> a[i];
}
for(int i = 1; i <= n; i++)
{
 int k = 0;
 for(int j = i + 1; j <= n; j++)
 {
   if(a[j] < a[i])
   {
     k++;
    }
  }
ans += k * fac[n - i];
}
cout << ans;
return 0;
}
```

更加神奇的是，上述过程是可逆的，也就是说如果知道了某个全排列在所有全排列中的排名，就可以依据排名求得该全排列。例如，当n=5时，求排名是23的全排列。

22/4! =0··············22，说明在1、2、3、4、5中，比当前位小的数字有

0个，符合要求的只有1，所以第一位是1。

22/3！=3·······················4，说明在2、3、4、5中，比当前位小的数字有3个，符合要求的只有5，所以第二位是5。

4/2！=2·······················0，说明在2、3、4中，比当前位小的数字有2个，符合要求的只有4，所以第三位是4。

0/1！=0·······················0，说明在2、3中，比当前位小的数字有0个，符合要求的只有2，所以第四位是2。

0/0！=0·······················0，说明在3中，比当前位小的数字有0个，符合要求的只有3，所以第五位是3。

完整代码如下：

```cpp
#include<iostream>
#include<cstdio>
#include<cstring>
using namespace std;
int a[10005];
int fac[10005];
bool vis[10005];
int n, k;
int main()
{
    cin >> n >> k;
    fac[0] = 1;
    for(int i = 1; i < n; i++) //预处理阶乘
    {
        fac[i] = fac[i - 1] * i;
    }
    k--;//注意
    int q, j, cnt;
    for(int i = 1; i <= n; i++)
    {
```

```
q = k / fac[n - i];
k = k % fac[n - i];
cnt = 0;
for(j = 1;; j++)
{
  if(!vis[j])
  {
    cnt++;
  }
  if(cnt > q)
  {
   break;
  }
}
a[i] = j;
vis[j] = true;
}
for(int i = 1; i <= n; i++)
{
 cout << a[i] << ' ';
}
return 0;
}
```

我们把求解第一问当前全排列在所有全排列中的排名，叫作**康托展开**，求解第二问依据排名确定全排列，叫作**逆康托展开**。实际上利用阶乘完成康托展开的局限性很大，只有当n很小的时候，才可以完成计算，我们还可以从进制的角度完成康托展开。

当n=5时，以14523为例，利用进制完成康托展开。

第一位是1，1在{1，2，3，4，5}中排第一个，当前位记为0。

第二位是4，4在{2，3，4，5}中排第三个，当前位记为2。

第三位是5，5在{2，3，5}中排第三个，当前位记为2。

第四位是2，2在{2，3}中排第一个，当前位记为0。

第五位是3，3在{3}中排第一个，当前位记为0。

所以14523利用进制完成康托展开后变成02200。

02200是个很神奇的数字，因为他的每一位进制都不相同，从高位开始，进制依次为五进制、四进制、三进制、二进制、一进制。

若把当前进制数02200加上3，则02200加1等于02210，02210加1等于03000，03000加1等于03010，所以02200加上3等于03010。

03010如何做逆康托展开？

第一位是0，0表示在{1，2，3，4，5}中选第1个，第一位放1。

第二位是3，3表示在{2，3，4，5}中选第4个，第二位放5。

第三位是0，0表示在{2，3，4}中选第1个，第三位放2。

第四位是1，1表示在{3，4}中选第2个，第四位放4。

第五位是0，0表示在{3}中选第1个，第五位放3。

所以将03010做逆康托展开后结果为15243。

完整程序代码：

```cpp
#include<iostream>
#include<cstdio>
#include<cstring>
using namespace std;
int a[10005];
bool used[10005] = {0};
int m, n;
int main()
{
  cin >> n >> m;
  for(int i = 1; i <= n; i++)
  {
    cin >> a[i];
    int x = a[i];
```

```
  for(int j = 1; j <= a[i]; j++)
  {
    x -= used[j];
  }
  used[a[i]] = 1;
  a[i] = x - 1;
}

a[n] += m;
for(int i = n; i > 0; i--)
{
  a[i - 1] += a[i] / (n - i + 1);
  a[i] %= n - i + 1;
}
memset(used, 0, sizeof(used));
for(int i = 1; i <= n; i++)
{
  for(int j = 0; j <= a[i]; j++)
  if(used[j])
  {
   a[i]++;
  }
  cout << a[i] + 1 << " ";
  used[a[i]] = 1;
}
return 0;
}
```

第十二课　迷宫的最短路径

【问题描述】

给定一个大小为n*m的迷宫，迷宫由通道和墙壁组成，墙壁用"#"表示，通道用"."表示，每一步可以向相邻的上下左右四格的通道移动，请求出从起点到终点所需的最小步数，n，m<=50，起点、终点分别用S和G表示。

例如数据：

5 * 5

#S###

..##.

#.###

..###

..G##

所描述的迷宫如下图：

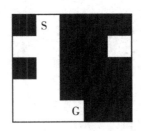

如何找出从S到G的最短路径呢？之前学过的深度优先搜索的办法是，先找出所有的从S到G的路径，再选其中最短的一条。本课将介绍另外一种思路。可以从起点开始向所有可以移动的点移动，所谓"可以移动的点"是指那些没有越界、没有撞墙、未曾到达过的点。移动时，逐一判断是否到达终点，如果没有到达，则从这些可移动的点开始继续重复前面的过程，直到发现终点为止。

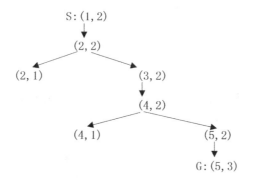

以上图为例，找出S点到G点的最短路径。查找从点(1，2)出发，开始朝四个方向扩散，其中点(0，2)因为越界不可达，点(1，1)和点(1，3)因为有墙不可达，所以唯一能够移动的方向为下方点(2，2)，点(2，2)为待查点，记录下来。

当前	待查
(1,2)	~~(1,2)~~
	(2,2)

到达点(2，2)后，继续沿用刚才的方法，朝四个方向扩散。点(1，2)为已访问点，不可达；点(2，3)有墙不可达，点(2，1)满足移动条件，记录下来，待查；点(3，2)满足移动条件，记录下来，待查。点(2，2)的四个方向检查完毕后，其已无法扩散，从记录中删除。

当前	待查
(2,2)	~~(1,2)~~
	~~(2,2)~~
	(2,1)
	(3,2)

从待查点出发，继续扩散。点(2，1)的四个方向因为越界、有墙、已访问，均不可达。所以点(2，1)的扩散结束，从记录中删除。

当前	待查
(2,1)	~~(1,2)~~
	~~(2,2)~~
	~~(2,1)~~
	(3,2)

　　点(3，2)的四个方向中，只有点(4，2)可达，记录下来，待查，从记录中删除扩散完毕的点(3，2)。

当前	待查
(3,2)	~~(1,2)~~
	~~(2,2)~~
	~~(2,1)~~
	~~(3,2)~~
	(4,2)

　　从点(4，2)出发，向四个方向扩散，能够到达的点有(4，1)，(5，2)，记录下来，待查。点(4，2)扩散完毕，从记录中删除。

当前	待查
(4,2)	~~(1,2)~~
	~~(2,2)~~
	~~(2,1)~~
	~~(3,2)~~
	~~(4,2)~~
	(4,1)
	(5,2)

　　点(4，1)无可扩散方向，直接从记录中删除。

当前	待查
(4,1)	~~(1,2)~~
	~~(2,2)~~
	~~(2,1)~~
	~~(3,2)~~
	~~(4,2)~~
	~~(4,1)~~
	(5,2)

　　点(5，2)可扩散至点(5，3)，点(5，3)记录下来，待查。点(5，2)扩散完毕，

从记录中删除。走到点(5，3)时，发现点(5，3)是终点，整个查找过程结束。

当前	待查
(5,2)	~~(1,2)~~
	~~(2,2)~~
	~~(2,1)~~
	~~(3,2)~~
	~~(4,2)~~
	~~(4,1)~~
	~~(5,2)~~
	(5,3)

完整代码如下：

```cpp
#include<iostream>
using namespace std;
const int N = 1000;
struct Node
{
    int x;
    int y;
    int step;
}
q[N];
int n, m;
int vis[N][N];
char G[N][N];
int sx, sy, gx, gy;
int dirx[4] = {1, 0, -1, 0};
int diry[4] = {0, 1, 0, -1};
void BFS()
{
    int head = 1, tail = 1;
    Node node;
```

```
    node.x = sx;
    node.y = sy;
    node.step = 0;
    q[tail++] = node;
    vis[sx][sy] = 0;
    while(head < tail)
    {
     node = q[head++];
     if(node.x == gx && node.y == gy)
     {
      break;
     }
      for(int i = 0; i < 4; i++)
      {
        int tx = node.x + dirx[i];
        int ty = node.y + diry[i];
        if(tx >= 1 && tx <= n && ty >= 1 && ty <= m && G[tx]
[ty] != '#' && vis[tx][ty] == -1)
        {
            q[tail].x = tx;
            q[tail].y = ty;
            q[tail].step = node.step + 1;
            tail++;
            vis[tx][ty] = node.step + 1;
        }
      }
    }
   }
   int main()
   {
```

```
cin >> n >> m;
for(int i = 1; i <= n; i++)
{
  for(int j = 1; j <= m; j++)
  {
   cin >> G[i][j];
   vis[i][j] = -1;
   if(G[i][j] == 'S')
   {
     sx = i;
     sy = j;
   }
   if(G[i][j] == 'G')
   {
    gx = i;
    gy = j;
   }
  }
}
BFS();
cout << vis[gx][gy] << endl;
}
```

上述代码仅仅求出了最短路径的长度，有时，我们还希望能够找出这条路径完整的走法而不仅仅是长度。只要对上述代码稍加修改，在Node结构体中新增一个pre属性，在扩展过程中，记录当前的待查坐标是由待查队列中的哪个结点扩展而得，即可完整记录最短路径的信息。具体代码如下：

```
#include<iostream>
using namespace std;
const int N = 1000;
struct Node
```

```
{
  int x;
  int y;
  int step;
  int pre;
}
q[N];
int head, tail;
int n, m;
int vis[N][N];
char G[N][N];
int sx, sy, gx, gy;
int dirx[4] = {1, 0, -1, 0};
int diry[4] = {0, 1, 0, -1};
void BFS()
{
  head = 1, tail = 1;
  Node node;
  node.x = sx;
  node.y = sy;
  node.step = 0;
  node.pre = -1;
  q[tail++] = node;
  vis[sx][sy] = 0;
  while(head < tail)
  {
    node = q[head++];
    if(node.x == gx && node.y == gy)
    {
      break;
```

```
        }
        for(int i = 0; i < 4; i++)
        {
          int tx = node.x + dirx[i];
          int ty = node.y + diry[i];
          if(tx >= 1 && tx <= n && ty >= 1 && ty <= m && G[tx]
[ty] != '#' && vis[tx][ty] == -1)
          {
            q[tail].x = tx;
            q[tail].y = ty;
            q[tail].step = node.step + 1;
            q[tail].pre = head - 1;
            tail++;
            vis[tx][ty] = node.step + 1;
          }
        }
      }
    }
    int main()
    {
      cin >> n >> m;
      for(int i = 1; i <= n; i++)
      {
        for(int j = 1; j <= m; j++)
        {
          cin >> G[i][j];
          vis[i][j] = -1;
          if(G[i][j] == 'S')
          {
            sx = i;
```

```
            sy = j;
          }
          if(G[i][j] == 'G')
          {
            gx = i;
            gy = j;
          }
        }
      }
      BFS();
      cout << vis[gx][gy] << endl;
      Node s[N];
      int top = 0;
      Node node = q[head - 1];
      while(node.pre != -1)
      {
        s[++top] = node;
        node = q[node.pre];
      }
        cout << sx << ' ' << sy << endl;
        while(top)
        {
          cout << s[top].x << ' ' << s[top].y << endl;
          top--;
        }
    }
```

　　上述处理问题的思想有个很形象的名字，叫作**宽度优先搜索**，其英文全称是Breadth First Search，简称BFS。以下图为例介绍宽度优先搜索的原理。

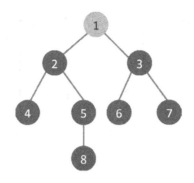

虽然都以遍历图中每个节点为目的，但广度优先搜索（BFS）和深度优先搜索（DFS）的遍历顺序是截然不同的。以DFS遍历上图，遍历顺序：1、2、4、5、8、3、6、7；而以BFS遍历上图，遍历顺序：1、2、3、4、5、6、7、8。

深度优先遍历算法的非递归实现需要一个栈来模拟递归实现中操作系统设置的工作栈。遍历操作可描述为三步。

（1）栈初始化。

（2）标记并输出起始点，起始点入栈。

（3）重复下列操作，直到栈为空：

① 检查当前栈顶元素；

② 如果栈顶元素存在未被标记的邻接点w，标记并输出该点后进栈。否则当前顶点退栈。

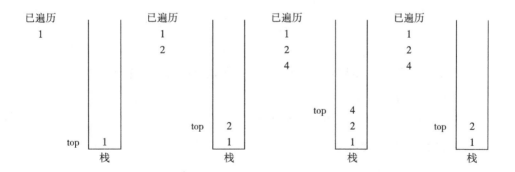

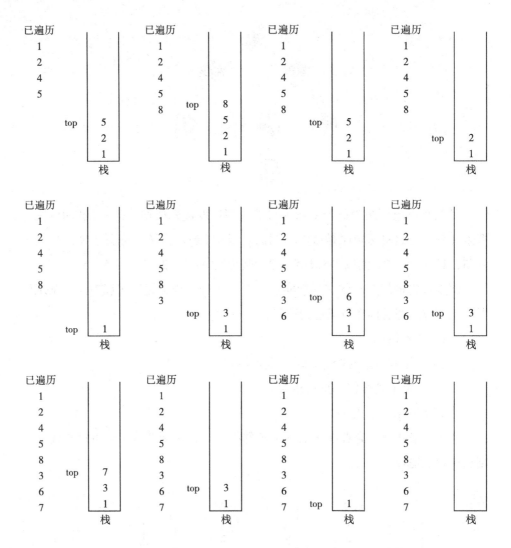

广度优先搜索使用队列来实现，整个过程也可以看作一个倒立的树形：

（1）标记起始节点并入队。

（2）重复下列操作，直到队列为空：

① 取出当前栈顶元素；

② 如果队首节点存在未被标记的邻接点w，标记该点后入队。

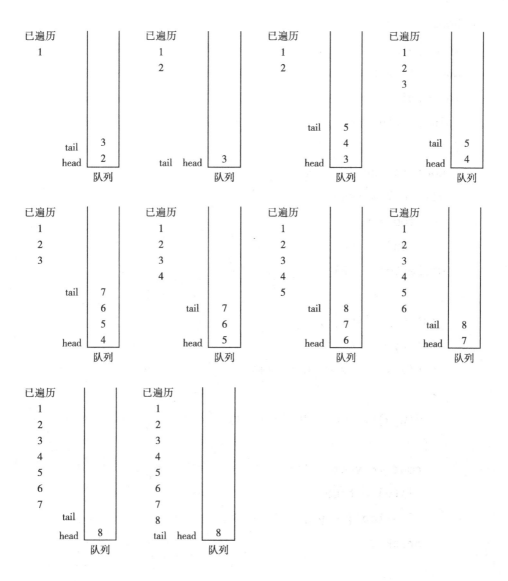

完整代码如下：

```cpp
#include <iostream>
#include <cstring>
#include <queue>
using namespace std;
const int N = 1000;
int n = 8;
```

```
bool vis[N];
int s[N];
queue<int> q;
int G[N][N];
void DFS(int cur)
{
  cout << cur << ' ';
  vis[cur] = true ;
  int top = 0 ;
  s[++top] = cur ;
  while(top != 0)
  {
   int u = s[top] ;
   int v;
   for(v = 1 ; v <= n ; v++)
   {
    if(G[u][v] == 1 && !vis[v])
    {
     cout << v << ' ';
     vis[v] = true ;
     s[ ++top ] = v ;
     break ;
    }
   }
  if(v > n)
  {
    top-- ;
  }
 }
}
```

```cpp
void BFS(int cur)
{
q.push(cur);
vis[cur] = true;
while(!q.empty())
{
int u = q.front();
cout << u << ' ';
q.pop();
for(int v = 1; v <= n; v++)
{
  if(G[u][v] == 1 && !vis[v])
  {
    vis[v] = true;
    q.push(v);
  }
}
}
 }
int main()
{
G[1][2] = 1;
G[2][1] = 1;
G[1][3] = 1;
G[3][1] = 1;
G[2][4] = 1;
G[4][2] = 1;
G[2][5] = 1;
G[5][2] = 1;
G[5][8] = 1;
```

```
G[8][5] = 1;
G[3][6] = 1;
G[6][3] = 1;
G[3][7] = 1;
G[7][3] = 1;
DFS(1) ;
cout << endl ;
memset(vis, 0, sizeof(vis));
 BFS(1);
return 0 ;
}
```

上述代码首先基于二维数组描述点与点之间的连接关系。

```
G[1][2] = 1;
G[2][1] = 1;
G[1][3] = 1;
G[3][1] = 1;
G[2][4] = 1;
G[4][2] = 1;
......
```

"G[1][2] = 1;"表示点1和点2连通，因为所描述的图并没有方向，所以点1到点2可达，点2到点1同样可达。void DFS(int cur)函数描述了基于栈实现的非递归形式的深度优先搜索，搜索思路如前文所述，void BFS(int cur)借助STL中的"queue <int> q"实现宽度优先搜索。STL是"Standard Template Library"的缩写，中文译为"标准模板库"。STL中已经定义了许多数据结构，编程时直接调用即可。很多时候，竞赛对是否可以使用STL完整程序有明确要求。所以本节的代码中，给出了基于数组模拟实现的栈和队列两种常见的数据结构，以及调用STL中的栈和队列的两种不同的写法。

当已知起始状态和目标状态时，我们可以尝试使用双向BFS来求解问题。

在3×3的棋盘上，摆有8颗棋子，每颗棋子上标有1~8的某一数字，棋盘中留有一个空格，空格用"0"来表示，空格周围的棋子可以移到空格中。要求解的问题是，给出一种初始布局（初始状态，为了使题目简单，设初始状态为123804765）和目标布局，找到一种最少步骤的移动方法，实现从初始布局到目标布局的转变。

当目标状态是283104765时，只需要4步即可达到目标状态。

初始状态：

1	2	3
8	0	4
7	6	5

目标状态：

2	8	3
1	0	4
7	6	5

我们发现移动"0"要比移动其他数字简单，最终可以通过调整"0"所在的位置实现目标状态的查找。因为要查找最少步数，我们可以考虑使用BFS，每次调整"0"所在的位置后会产生一个新的状态。如果该状态与目标状态相同，输出步数即可；如果不同，则将该状态入队，等待下一轮的扩展。这是一般BFS的思路，而双向BFS的思路是，在知道了目标状态后，可以让初始状态和目标状态同时扩展，如果恰好在某一状态相遇，说明可以由初始状态扩展至目标状态。

为了方便"0"的查找和移动，我们将一维数组转化为二维数组。

二维坐标	[0, 0]	[0, 1]	[0, 2]	[1, 0]	[1, 1]	[1, 2]	[2, 0]	[2, 1]	[2, 2]
一维坐标	①	②	③	④	⑤	⑥	⑦	⑧	⑨
	1	2	3	8	0	4	7	6	5

关键代码如下：

```
for(int i = 9; i >= 1; i--)
    {
```

```
        a[(i - 1) / 3][(i - 1) % 3] = t % 10;
        if(t % 10 == 0)
         {
           x = (i - 1) / 3;
           y = (i - 1) % 3;
         }
         t /= 10;
     }
```

第十三课 填涂颜色

【问题描述】

由数字0组成的方阵中，有一任意形状闭合圈，闭合圈由数字1构成，围圈时只走上下左右4个方向，现要求把闭合圈内的所有空间都填写成2。例如，6×6的方阵（n=6），涂色前和涂色后如下：

【输入方阵】

```
0 0 0 0 0 0
0 0 1 1 1 1
0 1 1 0 0 1
1 1 0 0 0 1
1 0 0 0 0 1
1 1 1 1 1 1
```

【输出方阵】

```
0 0 0 0 0 0
0 0 1 1 1 1
0 1 1 2 2 1
1 1 2 2 2 1
1 2 2 2 2 1
1 1 1 1 1 1
```

既然用1围成了任意闭合曲线，我们只要找到该闭合曲线内部任意一点，从该点出发，用深度优先搜索或者广度优先搜索方法遍历并修改该闭合曲线内部所有的点。万事开头难，第一个点该怎么选呢？我们可以按照先行再列的顺序遍历原图，寻找第一个"1"所在的位置，该位置右下角一定是封闭图形内的点

"0"，如果右下角不是封闭图形内的点，而是"1"，那么前面所提及的第一个"1"，肯定不是第一个。

完整代码如下：

```cpp
#include <bits/stdc++.h>
using namespace std;
const int N = 1000;
int n;
int G[N][N];
int dx[9] = {0, -1, 1, 0, 0, -1, -1, 1, 1};
int dy[9] = {0, 0, 0, -1, 1, 1, -1, -1, 1};
struct Node
{
 int x, y;
};
void BFS(int sx, int sy)
{
 Node Q[N];
 int head, tail;
 head = tail = 1;
 Q[tail].x = sx;
 Q[tail].y = sy;
 tail++;
 while(head < tail)
 {
   Node t = Q[head];
   head++;
   for(int i = 1; i <= 4; i++)
   {
     int tx = t.x + dx[i];
     int ty = t.y + dy[i];
```

```
        if(!G[tx][ty] && tx >= 1 && tx <= n && ty >= 1 && ty
<= n)
        {
          G[tx][ty] = 2;
          Q[tail].x = tx;
          Q[tail].y = ty;
          tail++;
        }
      }
    }
}
int main()
{
  cin >> n;
int x, y;
 int f = 1;
for(int i = 1; i <= n; i++)
{
for(int j = 1; j <= n; j++)
 {
    cin >> G[i][j];
    if(G[i][j] == 1 && f == 1)
    {
      x = i;
      y = j;
      f = 0;
    }
  }
}
G[x + 1][y + 1] = 2;
```

```
BFS(x + 1,  y + 1);
for(int i = 1; i <= n; i++)
{
for(int j = 1; j <= n; j++)
{
 cout << G[i][j] << ' ';
}
cout << endl;
}
  return 0;
}
```

如果起点"0"不好找，我们可以先用数字"2"标记外围的墙，标记完成后，原图中含有数字"0"的地方肯定是封闭曲线内的区域，再次遍历时，稍加修改就可得到正确答案。

完整代码如下：

```
#include <bits/stdc++.h>
using namespace std;
int a[32][32],  b[32][32];
int dx[5] = {0,  -1,  1,  0,  0};
int dy[5] = {0,  0,  0,  -1,  1};
int n,  i,  j;
void dfs(int p,  int q)
{
   int i;
   if(p < 0 || p > n + 1 || q < 0 || q > n + 1 || a[p][q] !=
0)
   {
    return;
   }
   a[p][q] = 1;
```

```
    for(i = 1; i <= 4; i++)
    {
        dfs(p + dx[i],  q + dy[i]);
    }
}
int main()
{
 cin >> n;
 for(i = 1; i <= n; i++)
 for(j = 1; j <= n; j++)
 {
    cin >> b[i][j];
    if(b[i][j] == 0)
    {
        a[i][j] = 0;
    }
    else
    {
        a[i][j] = 2;
    }
 }
 dfs(0,  0);
 for(i = 1; i <= n; i++)
 {
  for(j = 1; j <= n; j++)
  if(a[i][j] == 0)
  {
   cout << 2 << ' ';
  }
  else
```

```
    {
        cout << b[i][j] << ' ';
    }
    cout << endl;
    }
}
```

在前文中，用深度优先搜索或者广度优先搜索不断填充封闭区域使其区别于相邻区域的办法，稍加修改就可以知道图中相互独立的区域个数并描述出其不同的状态，因为填充的过程类似洪水从一个区域覆盖至所能到达的最大区域，我们称这样的算法为**洪水填充算法**（Floodfill）。洪水填充算法在生活中的实例很多，比如Windows操作系统中的画图软件里的填充工具和PS中的边缘选取工具。接下来看下面的问题。

【问题描述】

在小说《最强魔王当勇者》中有一段描述：由于魔王BOSS躲起来了，说好要当勇者的Water只好去下棋了，他很厉害，基本每局必输。

Water不知道为什么自己总是地棋下得东一块西一块，而块与块之间总是被对手的棋隔开，"概率统计"课程考试设通过的Water一直没搞清楚自己的棋到底被别人分成了多少块，请你帮忙分析。

假定Water的棋为1，对手的棋为0。

给出一个矩阵棋盘，上面布满了棋子，求Water的棋子究竟被对手分成了多少块？

【输入格式】

第一行为n，m。(0 < n, m <= 100)

接下来 n 行 m 列为01矩阵。

1 为Water的棋。

【输出格式】

每组数据输出一行，表示块数。

【输入样例】

2 2

01

10

2 3

101

011

【输出样例】

2

2

Water的棋子到底被分成了多少块呢？我们只要把不同的区域涂上不同的颜色，最后数一数颜色的个数，就知道最后的结果了。

完整代码如下：

```cpp
#include <bits/stdc++.h>
using namespace std;
const int N = 1000;
struct Node
{
  int x, y;
}
int dx[5] = {0, -1, 1, 0, 0};
int dy[5] = {0, 0, 0, -1, 1};
int n, m;
string G[N];
int color;
int c[N][N];
void floodfill(Node node)
{
  c[node.x][node.y] = color;
  for(int i = 1; i <= 4; i++)
  {
    int tx = node.x + dx[i];
```

```
        int ty = node.y + dy[i];
        if(tx >= 0 && tx < n && ty >= 0 && ty < m)
        {
            if(G[tx][ty] == '1' && c[tx][ty] == -1)
            {
                Node t;
                t.x = tx;
                t.y = ty;
                floodfill(t);
            }
        }
    }
}
int main()
{
    cin >> n >> m;
    for(int i = 0; i < n; i++)
    {
        cin >> G[i];
    }
    memset(c, -1, sizeof(c));
    for(int i = 0; i < n; i++)
    {
        for(int j = 0; j < m; j++)
        {
            if(G[i][j] == '1' && c[i][j] == -1)
            {
                color++;
                Node t;
                t.x = i;
```

```
    t.y = j;
    floodfill(t);
      }
   }
}
cout << color << endl;
   }
```

第十四课　背包问题

【问题描述】

有n个物品，它们有各自的体积和价值，现有给定容量的背包，如何让背包里装入的物品具有最大的价值总和？

【输入】

n=6

价值数组v = {8，10，6，3，7，2}

体积数组w = {4，6，2，2，5，1}

背包容量W = 12

使用之前搜索的思路，我们可以构造物品的组合，在符合背包容量的情况下，找出价值最大的组合。

产生组合的方式：

1个物品都不入选，共计1种方案；

从6个物品中选1件，共计6种方案；

从6个物品中选2件，共计15种方案；

从6个物品中选3件，共计20种方案；

从6个物品中选4件，共计15种方案；

从6个物品中选5件，共计6种方案；

从6个物品中选6件，共计1种方案；

总计：64种方案。

也可以按照每件物品选与不选来构造方案总数，共有6件物品，所以方案总数为2的6次方，即64种方案。

第一种产生组合的方式利用加法原理，构造组合一共有6种方式，每种方式有不同的做法，最后把所有的做法数量加在一起。第二种产生组合的方式利用乘法原理，想要构造物品的组合，要分6个步骤进行，第一步，确定是否使用物品1；第二步，确定是否使用物品2；……以此类推，方案总数为$2 \times 2 \times 2 \times 2 \times 2 \times 2 = 64$。

接下来，按照乘法原理的思路，针对每件物品放与不放进行深度优先搜索，构建代码。数组w存储物品的体积，数组v存储物品的价值，整数W表示背包的体积，整数cur_w表示当前组合的体积，整数cur_v表示当前组合的价值。当所有的物品放与不放确定完成后，如果体积没有超出背包的容量，进一步检查当前组合的价值是否最大。

完整代码如下：

```cpp
#include <bits/stdc++.h>
using namespace std;
const int N = 1000;
const int inf = 0x7f7f7f7f;
int n;
int w[N], v[N];
int W;
int cur_w, cur_v, ans;
void DFS(int i)
{
 if(i > n)
 {
  if(cur_w <= W && cur_v > ans)
  {
   ans = cur_v;
  }
  return;
 }
 DFS(i + 1);
 cur_w += w[i];
```

```
  cur_v += v[i];
  DFS(i + 1);
  cur_w -= w[i];
  cur_v -= v[i];
}
int main()
{
 cin >> n >> W;
 for(int i = 1; i <= n; i++)
 {
  cin >> w[i] >> v[i];
 }
 DFS(1);
 cout << ans << endl;
 return 0;
}
```

在搜索时，其实没有必要等到每一件物品的状态确定后，再更新最值。有时，在搜索的过程中，就会发现cur_w当前物品组合的体积已经超过背包的体积，以当前物品组合的状态搜索下去已经没有意义了。我们可以对上面的代码进行小小的修改，想要放入新的物品要有前提——不会超过背包的最大体积。在海量物品组合时，这样可以大大提升搜索速度，程序设计中，称这样的方法为"剪枝"。在以追求效率为目的的程序设计中，剪枝对搜索的意义不言而喻。

修改后的程序代码如下：

```
#include <bits/stdc++.h>
using namespace std;
const int N = 1000;
const int inf = 0x7f7f7f7f;
int n;
int w[N],  v[N];
int W;
```

```
int cur_w, cur_v, ans;
void DFS(int i)
{
 if(i > n)
 {
  ans = max(ans, cur_v);
  return;
 }
 DFS(i + 1);
 if(cur_w + w[i] <= W)
 {
   cur_w += w[i];
   cur_v += v[i];
   DFS(i + 1);
   cur_w -= w[i];
   cur_v -= v[i];
 }
}
int main()
{
 cin >> n >> W;
 for(int i = 1; i <= n; i++)
 {
  cin >> w[i] >> v[i];
 }
 DFS(1);
 cout << ans << endl;
 return 0;
}
```

有时，即使有了剪枝的帮忙，深度优先搜索的效率还是较低，这就需要我

们换个思路重新思考，新方法从填表开始讲起。

表格第一行表示背包的体积，第二行表示按顺序放入物品后的最大价值，由此，我们可以得到一张初始状态的表格，当背包中一个物品都不放入时，对应的体积下，最大价值都为0。

背包体积	0	1	2	3	4	5	6	7	8	9	10	11	12
未放入物品时最大价值	0	0	0	0	0	0	0	0	0	0	0	0	0

然后，我们开始更新表格啦，从物品1开始，物品1的体积为4，价值为8。

当背包剩余体积为0、1、2、3时，不能放入物品1，所以最大价值没有任何变化。当背包剩余体积为4时，可以放入物品1，我是放还是不放好呢？由两种决策产生不同的价值决定，如果不放入物品1，查找上表发现背包体积为4时，产生的最大价值为0；如果放入物品1，产生的最大价值为已产生的价值0加上物品1的价值8等于8，因为8大于0，所以当背包体积为4时，还是选择将物品1放入背包中。以此类推，整个表格完成后，情况如下：

背包体积	0	1	2	3	4	5	6	7	8	9	10	11	12
放入物品1时最大价值	0	0	0	0	8	8	8	8	8	8	8	8	8

填完最后一个空格后能求出最大值了吗？还不行，现在的表格仅仅表示一个体积为12的背包，放入物品1后，产生的最大价值。我们还要依次放入物品2、物品3……直到把所有的物品都放入一遍后才能在最后一个单元格找到我们想要的答案。

背包体积	0	1	2	3	4	5	6	7	8	9	10	11	12
放入物品1、2时最大价值	0	0	0	0	8	8	10	10	10	10	18	18	18

背包体积	0	1	2	3	4	5	6	7	8	9	10	11	12
放入物品1、2、3时最大价值	0	0	6	6	8	8	14	14	16	16	18	18	24

背包体积	0	1	2	3	4	5	6	7	8	9	10	11	12
放入物品1、2、3、4时最大价值	0	0	6	6	8	8	14	14	16	16	18	18	24

背包体积	0	1	2	3	4	5	6	7	8	9	10	11	12
放入物品1、2、3、4、5时最大价值	0	0	6	6	8	8	14	14	16	16	18	21	24

背包体积	0	1	2	3	4	5	6	7	8	9	10	11	12
放入物品1、2、3、4、5、6时最大价值	0	2	6	8	8	10	14	16	16	18	18	21	24

当你明白了计算的过程，接下来，我们看看这个算法优于搜索优先算法的地方。搜索优先算法的判断次数约等于2的n次方，n代表物品的数量，当n等于100时，背包体积为12，判断次数约为1267650600228229401496703205376…；填表的算法计算次数和物品数量、背包体积有关，相同的条件下，填表的算法计算次数为12×100=1200次。程序设计时，上述填表算法被称作**动态规划算法**。

在使用动态规划算法时，首先需要定义一个状态来描述问题，对于上面的问题，用f[i][j]表示当我们处理到物品i时，在当前背包体积为j的条件下，所产生的最大价值。由状态的定义可知我们要找的答案存在f[n][W]中，而计算从初始状态f[0][0]=0，f[0][1]=0，f[0][2]=0，f[0][3]=0，…，f[0][12]=0开始，表格的每次更新由每件物品放与不放所产生的价值决定，即f[i][j]等于f[i-1][j]和f[i-1][j-w[i]]+v[i]两者中较大的那个。

完整代码如下：

```
#include <bits/stdc++.h>
using namespace std;
const int N = 1000;
const int inf = 0x7f7f7f7f;
int n;
int w[N], v[N];
int W;
int f[N][N];
int main()
{
  cin >> n >> W;
```

```
for(int i = 1; i <= n; i++)
{
 cin >> w[i] >> v[i];
}


f[0][0] = 0;
for(int i = 1; i <= n; i++)
{
  for(int j = W; j >= w[i]; j--)
  {
   f[i][j] = max(f[i - 1][j],  f[i - 1][j - w[i]] + v[i]);
  }
}
cout << f[n][W] << endl;
return 0;
}
```

在进行上述优化的算法时，先观察物品3和物品4不难发现，物品3比物品4更加物美价廉，体积相同的情况下，物品3产生的价值为6，而物品4产生的价值为3，所以在放入物品时，我们完全可以忽略物品4，从而减少填表的次数。但并不是所有时候，我们都有这么好的运气能够遇到如此物美价廉的物品。填表时，都是从左向右填写，填写过程依赖上一张表格，能不能从右向左填写呢？当然可以，不但可以，我们还发现填写时，完全可以不依赖上一张表格。例如，放入物品1，从背包体积为12开始更新，f[1][12]=max(f[0][8]+8，f[0][12])=max(0+8，0)=8，我们会发现f[0][8]=f[1][8]=0，f[0][12]=f[1][12]=0，所以f[1][12]= max(f[1][8]+8，f[1][12])=8，这样完全可以直接省去一个维度，把f[i][j]的计算f[i][j]= max(f[i][j−w[i]]+v[i]，f[i][j])写成f[j]= max(f[j−w[i]]+v[i]，f[j])。

完整代码如下：

```
#include <bits/stdc++.h>
using namespace std;
const int N = 1000;
```

```
const int inf = 0x7f7f7f7f;
int n;
int w[N], v[N];
int W;
int f[N];
int main()
{
 cin >> n >> W;
 for(int i = 1; i <= n; i++)
 {
  cin >> w[i] >> v[i];
 }
 f[0] = 0;
 for(int i = 1; i <= n; i++)
 {
  for(int j = W; j >= w[i]; j--)
  {
   f[j] = max(f[j], f[j - w[i]] + v[i]);
  }
 }
 cout << f[W] << endl;
 return 0;
}
```

因为每个物品都有放与不放两种选择，对应二进制中的0和1，所以上述背包问题又被称为**01背包问题**，01背包问题是背包问题的基础，很多问题都可以转化为01背包问题而得到解决。理解01背包问题的关键就是上述表格更新的过程，请大家手动模拟几次，特别是理解如何从二维降低至一维。

除此之外，01背包问题还有很多变化，最常见的是求恰好能够填满背包时，产生组合的最大价值。此时，只要更改下表格的初始状态，即可求解。

背包体积	0	1	2	3	4	5	6	7	8	9	10	11	12
未放入物品的最大价值	0	−INF	−INF	−INF	−INF	−INF	−INF	−INF	−INF	−INF	−INF	−INF	−INF

当背包体积为0时，如果一个物品都不放入，也可以理解为放入物品的体积为0，恰好为"填满"背包的状态，此时背包的最大价值为0。除0以外，其余体积均无法达到恰好能够填满的条件，状态不可达，用−INF表示状态不存在。

01背包问题中的路径打印问题（即背包中放了哪些物品），什么情况下，可以确定背包中一定放了当前物品i呢？当f[i][j]==f[i−1][j−w[i]]+v[i]时，我们可以确定在背包容量为j时，一定放入了物品i。于是，我们可以从f[n][W]开始逆推。

因为f[6][12]=24与f[5][11]+2=23不相等，所以背包中没有物品6。

因为f[5][12]=24与f[4][7]+7=21不相等，所以背包中没有物品5。

因为f[4][12]=24与f[3][10]+3=21不相等，所以背包中没有物品4。

因为f[3][12]=24与f[2][10]+6=24相等，所以背包中有物品3。

因为f[2][10]=18与f[1][4]+10=18相等，所以背包中有物品2。

因为f[1][4]=8与f[0][4]+8=8相等，所以背包中有物品1。

由此，背包中有物品1、2、3。

完整代码如下：

```cpp
#include <bits/stdc++.h>
using namespace std;
const int N = 1000;
const int inf = 0x7f7f7f7f;
int n;
int w[N], v[N];
int W;
int f[N][N];
int main()
{
    cin >> n >> W;
    for(int i = 1; i <= n; i++)
```

```cpp
    {
        cin >> w[i] >> v[i];
    }
    f[0][0] = 0;
    for(int i = 1; i <= n; i++)
    {
        for(int j = W; j >= w[i]; j--)
        {
            f[i][j] = max(f[i - 1][j], f[i - 1][j - w[i]] + v[i]);
        }
    }
    cout << f[n][W] << endl;
    int i = n;
    int j = W;
    while(i > 0 && j > 0)
    {
        if(f[i][j] == f[i - 1][j - w[i]] + v[i])
        {
            cout << i << ' ';
            j -= w[i];
        }
        i--;
    }
    return 0;
}
```

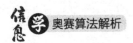

上述代码运算过程可以用下图表示：

背包体积	0	1	2	3	4	5	6	7	8	9	10	11	12
未放入物品时最大价值	0	0	0	0	0	0	0	0	0	0	0	0	0

背包体积	0	1	2	3	4	5	6	7	8	9	10	11	12
放入物品1时最大价值	0	0	0	0	8	8	8	8	8	8	8	8	8

背包体积	0	1	2	3	4	5	6	7	8	9	10	11	12
放入物品1、2时最大价值	0	0	0	0	8	8	10	10	10	10	18	18	18

背包体积	0	1	2	3	4	5	6	7	8	9	10	11	12
放入物品1、2、3时最大价值	0	0	6	6	8	8	14	14	16	16	18	18	24

背包体积	0	1	2	3	4	5	6	7	8	9	10	11	12
放入物品1、2、3、4时最大价值	0	0	6	6	8	8	14	14	16	16	18	18	24

背包体积	0	1	2	3	4	5	6	7	8	9	10	11	12
放入物品1、2、3、4、5时最大价值	0	0	6	6	8	8	14	14	16	16	18	21	24

背包体积	0	1	2	3	4	5	6	7	8	9	10	11	12
放入物品1、2、3、4、5、6时最大价值	0	2	6	8	8	10	14	16	16	18	18	21	24

如果我们使用一维数组来求解01背包问题的最大值，想要得到背包中的路径，需要另外的数组保存路径信息。

完整代码如下：

```
#include <bits/stdc++.h>
using namespace std;
```

```cpp
const int N = 1000;
const int inf = 0x7f7f7f7f;
int n;
int w[N], v[N];
int W;
int f[N];
int path[N][N];
int main()
{
 cin >> n >> W;
 for(int i = 1; i <= n; i++)
 {
   cin >> w[i] >> v[i];
 }
 f[0] = 0;
 for(int i = 1; i <= n; i++)
   for(int j = W; j >= w[i]; j--)
   {
   //f[j] = max(f[j], f[j - w[i]] + v[i]);
     if(f[j - w[i]] + v[i] > f[j])
     {
       f[j] = f[j - w[i]] + v[i];
       path[i][j] = 1;
     }
   }
}
cout << f[W] << endl;
int i = n;
int j = W;
while(i > 0 && j > 0)
```

```
  {
  if(path[i][j] == 1)
  {
   cout << i << ' ';
   j -= w[i];
  }
  i--;
  }
 return 0;
 }
```

01背包问题中，物品的个数只有1个，如果物品的个数没有限制，或者有无数个，01背包问题就变成了另一种背包问题——完全背包问题。对于完全背包问题，虽然每种物品有无数个，但考虑背包的容量，每种物品的个数上限为W/w[i]，这样就可以把完全背包问题转化为01背包问题来处理。如果f[i][j]依然表示使用到第i件物品时，在当前背包体积为j的情况下所产生的最大价值，那么f[i][j]=max(f[i−1][j−k*w[i]]+k*v[i])，其中0<=k*w[i]<=j。同样，为了提高查找效率，我们可以预先找到那些"物美价廉"的物品，然后再求解01背包问题。

更为优化的做法是，因为物品的个数没有限制，放入后还可以继续放入，所以我们可以理解为当前种类的物品要么不放，要么在已经放入的基础上继续放入，选择二者价值较大者即可。关于完全背包问题中的f[i][j]可以写成f[i][j]=max(f[i−1][j], f[i][j−w[i]]+v[i])。细心的同学可能已经发现这个写法与求解01背包问题时的表达式很像。

01背包问题：f[i][j]=max(f[i−1][j], f[i−1][j−w[i]]+v[i])；

完全背包问题：f[i][j]=max(f[i−1][j], f[i][j−w[i]]+v[i])。

这两个表达式仅在最大值函数的第二部分发生了变化，关于01背包问题的降维优化，我们曾说过，如果从表格右侧开始更新（体积最大值），就可以保证每个物品只取一次。如果物品可以放入，我们在计算f[j−w[i]]的大小时，f[j−w[i]]未更新过，其值依然来自上一轮的计算结果f[i−1][j−w[i]]，即未放入物品i时的计算结果，不管如何更新都可以保证每个物品只用1次。

但是，从表格左侧开始更新（体积最小值）就不同了。假设物品i可以放入,因为从左侧开始更新,f[j-w[i]]在这之前已经更新过,其值来自f[i][j-w[i]],表示在已经放入物品i的基础上继续更新直到再也放不下该物品。这时,只要调整一下01背包问题的代码中循环j的顺序,就可以求解完全背包问题。例如物品1,当背包容量更新到4时,物品1可以放入一次,价值为8,当背包容量更新到8时,物品1还可以放入一次,价值为16。建议大家手动模拟,以加深理解。

背包体积	0	1	2	3	4	5	6	7	8	9	10	11	12
放入物品1时最大价值	0	0	0	0	8	8	8	8	16	16	16	16	24

完整代码如下:

```cpp
#include <bits/stdc++.h>
using namespace std;
const int N = 1000;
const int inf = 0x7f7f7f7f;
int n;
int w[N], v[N];
int W;
int f[N];
int main()
{
 cin >> n >> W;
 for(int i = 1; i <= n; i++)
 {
  cin >> w[i] >> v[i];
 }
 f[0] = 0;
 for(int i = 1; i <= n; i++)
 {
   for(int j = w[i]; j <=W; j++)
   {
```

```
        f[j] = max(f[j], f[j - w[i]] + v[i]);
    }
  }
cout << f[W] << endl;
return 0;
}
```

如果物品数量不再是无限个，而是有了明确的个数p[i]，此时的背包问题就变成多重背包问题，依据f[i][j]的定义，则f[i][j]=max(f[i−1][j−k*w[i]]+k*v[i])，其中0<=k<=p[i]。我们可以利用二进制重新拆分物品以提高效率，例如7的二进制可以写成111，而111=100+010+001，由此7=4+2+1=2^2+2^1+2^0。有了这样的拆分组合，我们可以用数字1、2、4表示1至7内所有的数字，1=1，2=2，3=1+2，4=4，5=1+4，6=2+4，7=1+2+4。同样，数字13的二进制可以表示为1101，1101=0110+0100+0010+0001，由此13=6+4+2+1=6+2^2+2^1+2^0，于是用数字1、2、4、6可以表示1至13内所有的数字。如果某件物品的数量是13件，依据二进制的思想，我们首先将这些物品分成四组，每组的数量分别是1件、2件、4件、6件；然后，按照顺序拿1件物品看看当前的背包体积是否能够容纳1件物品，如果可以放入，则判断究竟是放划算还是不放划算，直到背包体积不足以放下这件物品为止；接着，取2件物品，如果当前背包体积能够容纳2件物品，就判断放入2件该物品是否划算，如果当前背包恰好已放入1件物品，就等同于判断同时放入3件该物品是否划算；以此类推，当尝试取4件物品放入背包时，相当于判断放入4件、5件、6件、7件该物品是否划算。

完整代码如下：

```cpp
#include <bits/stdc++.h>
using namespace std;
const int N = 1000;
const int inf = 0x7f7f7f7f;
int n;
int w[N], v[N], p[N];
int W;
int f[N];
```

```cpp
int main()
{
 cin >> n >> W;
 for(int i = 1; i <= n; i++)
 {
   cin >> w[i] >> v[i] >> p[i];
 }
 f[0] = 0;
 for(int i = 1; i <= n; i++)
 {
  int num = min(p[i],  W / w[i]);
  for(int k = 1; num > 0; k *= 2)
  {
    if(k > num)
    {
     k = num;
    }
    num -= k;
    for(int j = W; j >= w[i]*k; j--)
    {
     f[j] = max(f[j],  f[j - w[i] * k] + v[i] * k);
    }
  }
 }
 cout << f[W] << endl;
 return 0;
}
```

第十五课　导弹拦截

【问题描述】

某国为了防御敌国的导弹袭击，研发出一种导弹拦截系统。但是这种导弹拦截系统有一个缺陷：虽然它的第一发炮弹能够到达任意高度，但是以后每一发炮弹都不能超过前一发的高度。某天，雷达捕捉到敌国的导弹来袭，由于该系统还在试用阶段，所以只有一套系统，有可能不能拦截所有的导弹。

怎么办呢？多搞几套系统呗！说说倒蛮容易，成本呢？成本是个大问题啊！所以他们就到这里来求救了，请帮助计算一下最少需要多少套拦截系统。

输入若干组数据，每组数据包括导弹总枚数（正整数），导弹依次飞来的高度（雷达给出的高度数据是不大于30000的正整数，用空格分隔）。

对应每组数据输出拦截所有导弹最少要配备这种导弹拦截系统的套数。

【输入样例】

8

389 207 155 300 299 170 158 65

【输出样例】

2

为了拦截这些导弹，最少需要一套系统，当第一枚导弹飞来时，第一套系统能够拦截的最低高度就确定了，紧接着，第二枚导弹飞来了……如果运气好，第二枚导弹的高度低于第一枚导弹，那就用第一套系统拦截，同时更新第一套系统的拦截最低高度；如果运气不好，第二枚导弹的高度高于第一枚，只好重新准备一套新系统了，以此类推，后面的导弹也仿照这样的办法处理。如果这样做了，很快就会面对一个新的问题，会有不止一个系统能够拦截当前的导弹，如何是好呢？思考的关键来了，为了不留遗憾，在所有可以拦截当前高度的系统中，选择拦截最低高度最接近当前导弹的那个系统，即在所有可拦截系统中，选择最低高度最小的那个。如果不这么选择，后面一旦有高度高于当前高度的导弹飞来，为了拦截它，就有可能会增加新的系统，有悖于配备最少系统的原则。

完整代码如下：

```cpp
#include <bits/stdc++.h>
using namespace std;
const int N = 1000;
const int inf = 0x7f7f7f7f;
int n;
int h[N], min_h[N];
int cnt;
int main()
{
 cin >> n;
 for(int i = 1; i <= n; i++)
 {
   cin >> h[i];
 }
 cnt = 1;
 min_h[cnt] = h[1];
 for(int i = 2; i <= n; i++)
 {
  int p = 0;
  for(int j = 1; j <= cnt; j++)
  {
   if(min_h[j] >= h[i])
   {
    if(p == 0)
    {
```

```
                p = j;
            }
            else
            {
              if(min_h[j] < min_h[p])
              {
                  p = j;
              }
            }
        }
    }
    if(p == 0)
    {
        cnt++;
        min_h[cnt] = h[i];
    }
    else
    {
        min_h[p] = h[i];
    }
}
cout << cnt << endl;
return 0;
}
```

在程序设计时，把上述导弹匹配系统的方式称为**贪心算法**，在处理问题时，"贪心"的选择总是选择当下最好的情况，不从整体最优考虑。贪心算法不是使所有问题都能得到整体最优解，而是在于贪心策略的选择，选择的贪心策略必须具备无后效性。如果有多个系统可以匹配时，没有选择当前最小的系统匹配，后期，为了拦截某个高度更高的导弹，也许要增加新的系统，其实明明可以不用增加的。像这种前期的状态直接影响后期的情况，就称为**后效性**。

在制定贪心策略时，策略是否具有后效性是判断贪心算法正确与否的关键。

贪心算法是一种高效的算法，简单易行，贪心策略的构造相对简单，但贪心算法也有自己的局限，以上节课的背包问题为例。

通常情况下，会有三种贪心策略。

策略1：选取价值最大的物品放入背包。

策略2：选择体积最小的物品放入背包。

策略3：选择性价比最高的物品放入背包。

假设背包容量为30，物品情况如下表所示时，策略1无效。

编号	1	2	3
体积	28	12	12
价值	30	20	20

按照策略1，选取价值最大的物品1放入背包，产生的最大价值为30，实际上，放入物品2和物品3能够产生更大的价值40。

假设背包容量为30，物品情况如下表所示时，策略2无效。

编号	1	2	3
体积	28	20	10
价值	50	20	10

按照策略2，在不超过容量的前提下，选择体积小的物品放入背包中，物品3和物品2入选，产生的最大价值为30，但实际上，选择物品1能够产生更大的价值50。

假设背包容量为30，物品情况如下表所示时，策略3无效。

编号	1	2	3
体积	28	20	10
价值	28	20	10

3个物品单位体积的价值一样，选择哪个好呢？如果选了物品1，明显错误。但当背包容量为150，物品情况如下表所示时，策略3奏效。

编号	1	2	3	4	5	6	7
体积	35	30	60	50	40	10	25
价值	10	40	30	50	35	40	30
性价比	0.285	1.333	0.5	1	0.875	4	1.2

看懂了上面的内容，我们聊一聊贪心算法和动态规划算法的区别。

从解的情况来看，贪心算法中，当前的决策是基于上一步而来，并且对上一步无保留，贪心算法只有在特定的情况才生效，背包问题中，贪心策略3在性价比相同的情况下无效。

动态规划算法的全局最优解一定包含某个局部最优解，但不一定包含前一个局部最优解，因此，要记录之前所有子问题的最优解。例如，背包容量为30，物品情况如下表所示：

编号	1	2	3
体积	28	12	12
价值	30	20	20

当背包剩余容量为28，处理到物品3时，因为28-12=16，所以查看当背包容量为16时的最大价值。经计算，背包容量为10时，最大价值为20，当放入物品3后，背包价值变为20+20=40，在这里，当前的最优解所包含的局部最优解即背包容量为16时的最优解，而非背包容量为27时的最优解。

从方向上来看，贪心算法从问题的某一个初始解出发逐步逼近给定的目标，尽可能快地求得更好的解。当达到某算法中的某一步不能再继续前进时，算法停止，而动态规划算法则是自下向上，构造子问题的解。

与搜索类算法相比，动态规划算法因为子问题的划分和最优解的保留而避免了子问题的重复计算，这也是动态规划算法的优势之一。

贪心算法是动态规划算法的一种特例，能用贪心算法解决的问题，也可以用动态规划算法解决。

再来看看动态规划算法下，导弹拦截问题如何求解。

输入导弹依次飞来的高度，计算这套系统最多能拦截多少枚导弹，如果要拦截所有导弹最少需要配备多少套这种导弹拦截系统。

　　和上一次的问题相比，这一次多了一问，在只有一套系统的前提下，求出拦截的最大长度，我们用动态规划算法的思路来求解这个问题。首先，用f[i]存储处理到第i枚导弹时，最长不连续下降子序列的长度，有了子问题的描述，很快可以得到初值f[0]=0，以及结果为f[1]至f[n]的最大值；接下来，研究一下f[i]是如何变化的，我们拿着第i枚导弹的高度从与第1枚导弹的高度比对开始，一直比到第i–1枚，如果低于比对导弹j的高度，说明第i枚导弹可以和其构成序列，然后看看是f[i]大还是f[j]+1大，如果f[j]+1大于f[i]，则更新f[i]为f[j]+1。看明白了这些，就可以写代码了。

　　关键代码如下：

```
for(i = 0; i < len; i++)
{
f[i] = 1;
 for(j = 0; j < i; j++)
 {
   if(h[i] < h[j])
   {
     f[i] = max(f[i],  f[j] + 1);
   }
 }
}
int ans = 0;
for(i = 0; i < len; i++)
{
if(f[i] > ans)
{
  ans = f[i];
 }
}
```

　　外理完第一问之后，继续用动态规划算法处理第二问，继续套用刚才的套路……f[i]表示处理到第i枚导弹时，所需的最少系统套数。当你有了万事开头难

的第一步，准备继续研究f[i]的变化时，却发现这是件相当痛苦的事情。好吧，其实求最少需要配置多少套系统，只要求最长不连续上升序列即可。为什么？假设打导弹的方法是这样的，取任意一枚导弹，从这枚导弹开始将能打的导弹全部打完，并把这些导弹全部记为同一组，在没打下来的导弹中任选一枚重复上述步骤，直到打完所有导弹。假设我们得到了最小划分的K组导弹，从第a(1<=a<=K)组导弹中任取一枚导弹，必定可以从第a+1组中找到一枚高度比这枚导弹高的导弹，因为假如找不到，它就比第a+1组中任意一枚导弹都高，在打第a组时应该把第a+1组所有导弹一起打下而不是另归为第a+1组，同样从第a+1组到第a+2组也是如此。这样就可以从前往后在每一组导弹中找一枚更高的导弹连起来，连成一条上升子序列，其长度即为K，设最长上升子序列长度为P，则有K<=P，又因为最长上升子序列中任意两枚导弹不在同一组内(否则不满足单调不升)，则有P<=K，所以K=P。

关键代码如下：

```
for(i = 0; i < len; i++)
{
  f[i] = 1;
  for(j = 0; j < i; j++)
  {
   if(h[i] > h[j])
   {
    f[i] = max(f[i],  f[j] + 1);
   }
  }
}
ans = 0;
for(i = 0; i < len; i++)
{
 if(f[i] > ans)
 {
  ans = f[i];
```

```
  }
}
```

完整代码如下：

```cpp
#include <iostream>
#include <cstdio>
using namespace std;
int f[30001], h[101];
int main()
{
  int i = 0, j;
  while(cin >> h[i++]);
  int len = i - 1;
  for(i = 0; i < len; i++)
  {
    f[i] = 1;
    for(j = 0; j < i; j++)
    {
      if(h[i] < h[j])
      {
        f[i] = max(f[i], f[j] + 1);
      }
    }
  }
  int ans = 0;
  for(i = 0; i < len; i++)
  {
    if(f[i] > ans)
    {
      ans = f[i];
    }
```

```
    }
  cout << ans << endl;
   for(i = 0; i < len; i++)
    {
      f[i] = 1;
      for(j = 0; j < i; j++)
      {
        if(h[i] > h[j])
        {
          f[i] = max(f[i], f[j] + 1);
        }
      }
    }
    ans = 0;
    for(i = 0; i < len; i++)
    {
     if(f[i] > ans)
      {
       ans = f[i];
      }
    }
    cout << ans << endl;
    return 0;
  }
```

第十六课 《再战》约瑟夫

在和约瑟夫战斗之前，我们要精心准备一下，因为这场战斗可能会相当激烈。先来看一个简单的问题，给出n个数，n<=100，有m个查询工作，每次查询区间[l，r]的和，然后输出结果。这个好办，直接用O（n）复杂度的枚举解决问题。

```
for(int i=1;i<=r;i++)
{
 res += a[i];
}
```

或者更高效一点，用前缀和的做法，时间复杂度为O（1）。用sum[i]表示第1个元素到第i个元素之和，区间[l，r]的和可以表示为sum[r]-sum[l-1]。

好像不是很难，修改下问题再来考虑。m种操作中，不只有查询区间和，还有修改某个位置上的数字。这一下，前缀和的方式就无能为力了，因为修改某个位置的数字后，已经计算出的前缀和并不会随着数据的修改而改变，这意味着需要重新计算前缀和。

继续提高难度，当n的范围变成n<=1000000时，再用枚举来解决区间和问题肯定会超时，还能更难一点吗？当然可以，n的范围不变，依然是n<=1000000，m种操作变为修改一段连续的区间[a，b]。要想解决这个问题，仅靠枚举肯定是不行的。这时，一种神奇的数据结构闪亮登场——线段树，我们以区间[1，8]为例，对构造一棵线段树加以说明。

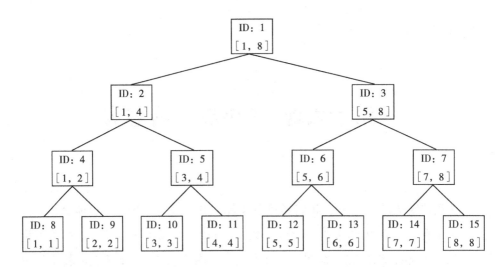

ID代表结点编号，例如ID:1代表1号节点，也就是根节点；[1，8]代表根节点对应区间范围。由此可知，如果父节点所对应的区间范围是[l，r]，设mid=(l+r)/2，其左子节点对应的区间范围是[l，mid]，右子节点对应的区间范围是[mid+1，r]；如果父节点的编号是k，左子节点编号为2*k，右子节点编号为2*k+1。最底层的叶节点分别对应区间某个位置的具体数值，了解这些基本概念以后，我们开始建树。首先，以结构体的方式定义节点。

```
struct node
{
    int l, r, w;
}
tree[4 * n + 1];
```

l，r分别表示区间左右端点，w表示区间和。如果有n个数，为了避免溢出，结构体数组大小为4n，线段树具有完全二叉树的性质，最底层有n个叶节点。

所以，此二叉树的高度为 $\lceil \log_2 n \rceil$，可证 $\lceil \log_2 n \rceil \leqslant \log_2 n + 1$。然后通过等比数列求和公式 $\dfrac{a_1(1-q^x)}{1-q}$ 求得二叉树的节点个数，具体公式为 $\dfrac{1*(1-2^x)}{1-2}$（x为树的层数，层数等于树的高度+1），化简可得 $2^{\log_2 n+1+1}-1$，整理之后即4n（近似计算忽略掉-1）。

建树的基本思想是利用结构体node递归构造，从根节点出发，向下确认左右子节点的区间，递归到叶节点时，输入当前位置的数据后自下而上进行状态的合并。对于本题来说即基于左右子树确定根节点的区间和。

关键代码如下：

```
void build(int l, int r, int k)
{
  tree[k].l = l;
  tree[k].r = r;
  if(l == r) //区间左右端点重合说明递归到叶子节点
  {
    cin >> tree[k].w;//输入数据
    return ;
  }
  int m = (l + r) / 2;
  build(l, m, k * 2); //递归建立左子树
  build(m + 1, r, k * 2 + 1); //递归建立右子树
  tree[k].w = tree[k * 2].w + tree[k * 2 + 1].w; //状态合
并，根节点的区间和等于左右子树区间和相加
}
```

单点查询操作，即获取区间内某一位置的数据。设位置保存在变量x中，查询的思路与二分查询法基本一致，如果当前枚举的节点区间左右端点相等，叶节点就是目标节点；如果不是，依据当前节点区间信息，判断查询方向是沿着左子树还是右子树移动，判断依据：如果x的值小于或者等于区间中点，向左移动，否则向右移动。直到走到叶节点。下图以x等于3为例，解释整个查询过程。查询从根节点出发，根节点对应的区间范围是1至8，中点为(1+8)/2等于4，因为3小于4，所以查询方向沿着左子树继续。来到ID：2的节点后，发现区间范围是1至4，左右端点不相等，继续查询，因为3大于(1+4)/2，所以查询方向沿着右子树继续。来到ID：5的节点后，发现区间范围是3至4，左右端点不相等，继续查询，因为3等于(3+4)/2，所以查询方向沿着左子树继续。来到ID：10的节点后，发现查询范围是3至3，左右端点相等，返回该节点的值后查询结束。

关键代码如下：

```
void ask(int k)
{
    if(tree[k].l==tree[k].r)  //当前结点的左右端点相等，是叶子节
点，是最终答案
    {
     ans=tree[k].w;
     return ;
    }
    int m=(tree[k].l+tree[k].r)/2;
    if(x<=m) ask(k*2);//目标位置比中点靠左，就递归左孩子
    else ask(k*2+1);//反之，递归右孩子
}
```

当叶节点的值发生变化后，是否还需要类似前缀和的做法重新构造线段树
呢？有了单点查询的思路，我们可以动态更新线段树而不用重新建树，修改完
叶节点的值后，只需自下而上，沿查询路径重新进行状态合并。如下图所示：

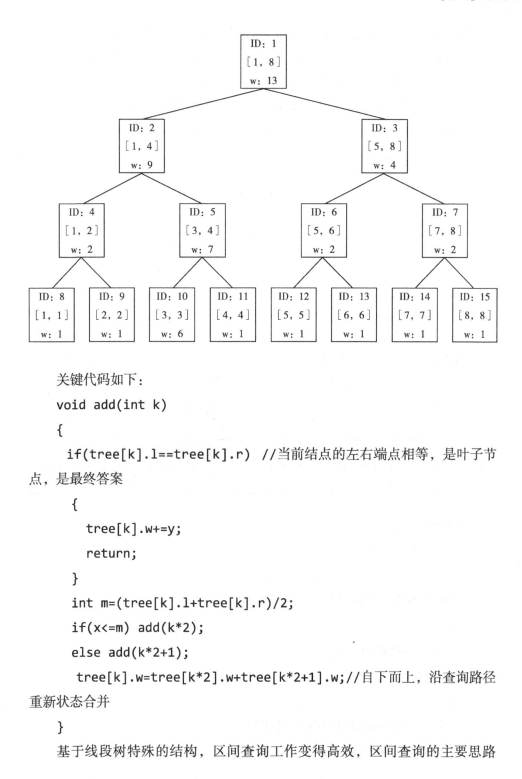

关键代码如下:

```
void add(int k)
{
  if(tree[k].l==tree[k].r)  //当前结点的左右端点相等，是叶子节
点，是最终答案
  {
    tree[k].w+=y;
    return;
  }
  int m=(tree[k].l+tree[k].r)/2;
  if(x<=m) add(k*2);
  else add(k*2+1);
  tree[k].w=tree[k*2].w+tree[k*2+1].w;//自下而上，沿查询路径
重新状态合并
}
```

基于线段树特殊的结构，区间查询工作变得高效，区间查询的主要思路

是在线段树的节点上查找能够组成待查区间的子区间，并将子区间和相加，继而求得待查区间的区间和。若待查区间只与节点区间部分重合或者待查区间仅为节点区间的一部分，可以依据待查区间的端点与节点区间中点的大小关系来决定查询方向，如果左端点小于节点区间中点，向左继续查询，如果右端点大于节点区间中点，则向右查询，直至满足节点区间为待查区间的子区间。例如 [2，5]=[2，2]+[3，4]+[5，5]=1+7+1=9。

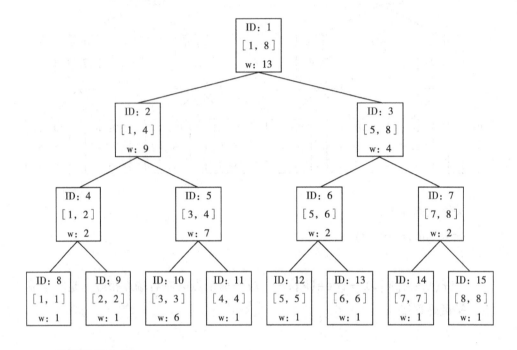

关键代码如下：

```
void sum(int k),
{
    if(tree[k].l>=x&&tree[k].r<=y)
    {
        ans+=tree[k].w;
        return;
    }
    int m=(tree[k].l+tree[k].r)/2;
    if(x<=m) sum(k*2);
```

```
    if(y>m) sum(k*2+1);
}
```

有了线段树，知道了线段树的单点修改和区间查询，我们就可以名正言顺地再次挑战约瑟夫了。

【问题描述】

n个人(n<=100)围成一圈，从第一个人开始报数，数到m的人出列，再由下一个人重新从1开始报数，数到m的人再出圈……以此类推，直到所有的人都出圈，请输出依次出圈人的编号。

有人离开时，留下的人编号会发生变化。以n等于10，m等于3为例，当3号游戏者离开时，4号游戏者变成新的3号，其他以此类推。

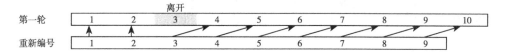

游戏进入第二轮，重新编号后的5号游戏者离开，按照箭头的方向，可以找到重新编号的5号游戏者对应着原编号的6号，输出6号。

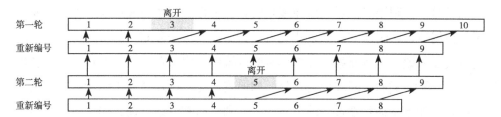

游戏进入第三轮，按照游戏规则，重新编号后的7号游戏者离开，按照箭头方向，可以找到重新编号的7号游戏者对应着原编号的9号，输出9号。

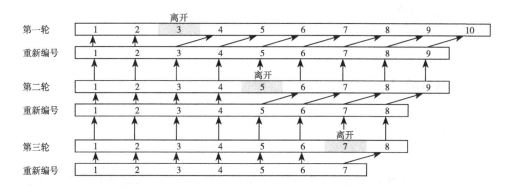

游戏进入第四轮，按照游戏规则，重新编号后的2号游戏者离开，按照箭头方向，可以找到重新编号的2号游戏者对应着原编号的2号，输出2号。

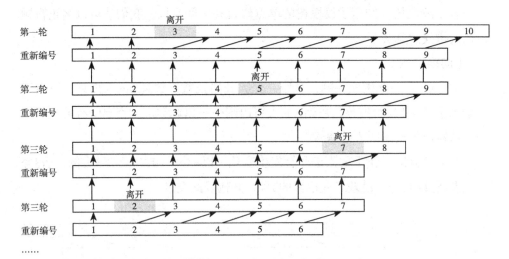

游戏过程不再赘述。

约瑟夫问题的本质可以看作寻找新编号在原编号中的位置，当我们知道了新的编号后，利用线段树完成原编号的查找工作。想要完成这项工作，就要赋予线段树节点区间新的意义，我们可以借助线段树来存储当前区间内还未退出游戏的总人数，查找新编号在原编号的位置就变成了在线段树上找最小的右边界x，使得[1，x]的区间和为新编号。如何查询呢？过程类似于线段树的单点查询操作，如果新编号超过当前节点的区间和，向右继续查询，如果新编号小于或等于当前节点区间和，因为要找最小右边界，所以向左移动，直到走到叶节点。大家可以自行画出线段树后模拟查找的细节，以加深对搜索过程的理解。

关键代码如下：

```
int query(int p, int x)
{
if(t[p].l == t[p].r)
{
 return t[p].l;
}
```

//如果左边的剩余位置小于这个编号，那就在右边区域查找左边区域放

不下的

```
    if(x > t[p << 1].dat)
    {
      return query(p << 1 | 1, x - t[p << 1].dat);
    }
    else
    {
      return query(p << 1, x);
    }
}
```

关于新编号的计算，在知道了上次离场游戏者编号后，可以依据游戏规则，从离场游戏者的后一个人开始数m个人。因为上一个游戏者的离开，所以新的编号要在原来的基础上减少1，又因为所有游戏者的站位是环形结构，所以要用结果对剩余人数求余，以确保游戏者的编号不会溢出。计算公式可以写成pos=(pos+m-1)%t[1].dat，括号内的pos表示已经离场者的编号，等号左边的pos表示本轮游戏离场者的编号，t[1].dat表示剩余总人数。但是这样的表达式会有一个小问题，pos的计算结果可能为0，说明游戏者的编号是从0开始的，而实际情况是从1开始的，为了解决这个问题，对上述公式进行简单修改，修改后的公式为pos=(pos+m-1-1)% t[1].dat+1。

用线段树求解约瑟夫问题的完整代码如下：

```
#include<iostream>
#include<cstdio>
using namespace std;
const int N = 100;
int n, m;
struct Stree
{
  int l, r;
  int dat;
}
```

```
t[N << 2];
//结构体
//建树
void build(int p, int l, int r)
{
  t[p].l = l;
  t[p].r = r;
  if(l == r)
  {
    t[p].dat = 1;
    //初始化为1，表示这里是有人的
    return;
  }
  int mid = (l + r) >> 1;
  build(p << 1, l, mid);
  build(p << 1 | 1, mid + 1, r);
  t[p].dat = t[p << 1].dat + t[p << 1 | 1].dat;
}
//把 x 踢出去
void change(int p, int x)
{
  if(t[p].l == t[p].r)
  {
    t[p].dat = 0;
    return;
  }
  int mid = (t[p].l + t[p].r) >> 1;
  if(x <= mid)
  {
    change(p << 1, x);
```

```
    }
    else
    {
      change(p << 1 | 1, x);
    }
    t[p].dat = t[p << 1].dat + t[p << 1 | 1].dat;
}
//查询 x 的位置
int query(int p, int x)
{
if(t[p].l == t[p].r)
  {
    return t[p].l;
  }
```

//如果左边的剩余位置小于这个编号，那就在右边区域查找左边区域放不下的

```
  if(x > t[p << 1].dat)
  {
    return query(p << 1 | 1, x - t[p << 1].dat);
  }
  else
  {
    return query(p << 1, x);
  }
}
int main()
{
 scanf("%d%d", &n, &m);
 if(n == 0)
 {
```

```
        return 0;
    }
build(1, 1, n);
int pos = 1;
while(n)
{
    pos = (pos + m - 2) % t[1].dat + 1; //t[1].dat即剩余总人数
    //先给 pos-1, 避免出现mod 完变成0的情况，mod完之后在 +1
    //处理位置
if(pos==0) pos=t[1].dat;
    int qwq = query(1, pos);
    //查寻当前这个人的位置
    cout << qwq << " ";
    //输出
    change(1, qwq);
    //踢出队伍
    n--;
}
return 0;
}
```

第十七课　寻找逆序对

在讲今天的算法之前，我们先聊聊老师收作业，老师收作业从来不会从第一个同学挨个收到最后一个，这样效率太低。老师会把同学们分成不同的小组，每个小组安排一名小组长，每个小组长收齐本组的作业后，合在一起交给老师，作业就收齐了。回顾下老师的做法，不难看出，老师把收作业的大问题划分成若干个同类型的小问题，逐个击破，当每个小组长收齐本组的作业后，交给老师，整个问题得以解决。我们可以把这种做法概括为三个简单的步骤：分解、解决、合并，这种解决问题的思路有个简单易懂的名字——**分治算法**，有许多的算法都基于分治算法的思想得以实现。接下来要讲的一种排序算法叫作**归并排序**，在讲排序之前，我们先聊一聊如何快速地将两个有序集合合并成一个新的集合。

设有两个从小到大的有序集合A，B，有两个分别指向两个有序集合第一个元素的指针p1和p2，现在需要把集合A和集合B合成新的有序集合C。具体做法是比较指针所指元素的大小，将较小的元素放入新的集合之后，指针向后移动一位，重复这样的比较直到全部元素都在新的集合中。

因为1小于3，所以1进入集合C，p1向后移动一位。

因为2小于3，所以2进入集合C，p1向后移动一位。

				p1		
集合A				4	9	10

	p2				
集合B	3	5	6	7	8

集合C	1	2				

因为3小于4，所以3进入集合C，p2向后移动一位。

				p1		
集合A				4	9	10

		p2			
集合B		5	6	7	8

集合C	1	2	3			

因为4小于5，所以4进入集合C，p1向后移动一位。

					p1	
集合A					9	10

		p2			
集合B		5	6	7	8

集合C	1	2	3	4		

因为5小于9，所以5进入集合C，p2向后移动一位。

					p1	
集合A					9	10

			p2		
集合B			6	7	8

集合C	1	2	3	4	5	

上述过程可以用如下代码实现：

```
void Merge(int l, int r)
{
    int mid = (l + r) >> 1;
    int p1 = l;
    int p2 = mid + 1;
```

```
    int cnt = 1;
  while(p1 <= mid && p2 <= r)
   {
     //t[cnt++] = a[p1] < a[p2] ? a[p1++] : a[p2++];
     if(a[p2] < a[p1])
     {
       t[cnt++] = a[p2++];
       ans += (ll)mid - p1 + 1;
     }
     else
     {
       t[cnt++] = a[p1++];
     }
   }
  while(p1 <= mid)
  {
    t[cnt++] = a[p1++];
  }
  while(p2 <= r)
  {
    t[cnt++] = a[p2++];
  }

  for(int i = 1; i < cnt; i++)
  {
   a[l + i - 1] = t[i];
  }
 }
```

讲完了合并，我们来看分解，以集合{5，2，4，7，1，3，2，6}为例，整个过程自下向上进行，不断合并有序集合，直到排序完毕。

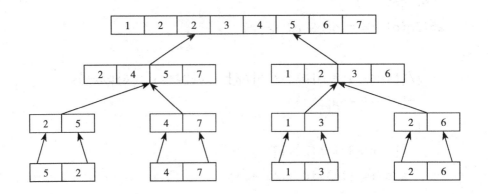

以上过程可用如下代码实现：

```
void Sort(int l, int r)
{
 if(l == r)
 {
  return;
 }
 int mid = (l + r) >> 1;
 Sort(l, mid);
 Sort(mid + 1, r);
 Merge(l, r);
}
```

基于分治算法的归并排序就讲到这里。有时，排序问题会问得很隐蔽，比如下面提到的求逆序对的问题。

【问题描述】

老猫Tom和小老鼠Jerry最近又较量上了，他们已经不喜欢玩那种你追我赶的游戏，现在他们喜欢玩统计。最近，老猫Tom查阅到一个人类称之为"逆序对"的东西。这东西是这样定义的，对于给定的一段正整数序列a[1，2，…，n]，逆序对就是序列中a[i] > a[j]且i<j的有序对。知道逆序对概念后，他们就比赛谁先算出给定的一段正整数序列中逆序对的数目。

【输入样例】

6

5 4 2 6 3 1

【输出样例】

11

这11对逆序对分别是{5，4}，{5，2}，{5，3}，{5，1}，{4，2}，{4，3}，{4，1}，{2，1}，{6，3}，{6，1}，{3，1}。如何利用归并排序法求逆序对呢？按照集合划分的顺序，需要合并的两个集合有这样的特点，左边集合的元素总是在右边集合的元素之前出现，设p1，p2分别对应左右两个集合元素，当按照从小到大顺序，把p2所指元素放入新集合时，就意味着p1之后的元素包括p1都可以和p2所指元素构成逆序对。举例来说，当左右两个集合分别是{2，4，5}和{1，3，6}时，求可以组成的逆序对。

按照归并的方法，先把右集合的元素1放入新集合中，因为左集合3个元素都在1之前出现，并且大于1，都可以和1构成逆序对，所以此时，逆序对数为3对。

可构成的逆序对：{2, 1}，{4, 1}，{5, 1}

继续归并，左集合元素2进入新集合，不产生任何逆序对，能够和2构成逆序对的1在上一轮操作中，已经计算过，继续归并。元素3进入新集合，此时可以构成的逆序对有{4，3}，{5，3}。

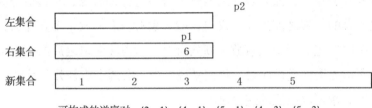

可构成的逆序对：{2，1}，{4，1}，{5，1}，{4，3}，{5，3}

元素4、元素5进入新集合。

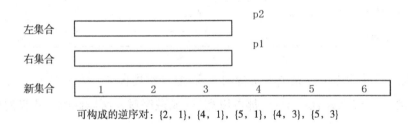

可构成的逆序对：{2，1}，{4，1}，{5，1}，{4，3}，{5，3}

元素6进入新集合。

左集合
右集合
新集合 | 1 | 2 | 3 | 4 | 5 | 6 |

可构成的逆序对：{2，1}，{4，1}，{5，1}，{4，3}，{5，3}

至此，归并结束，当前集合归并产生的逆序对为{2，1}，{4，1}，{5，1}，{4，3}，{5，3}，要想实现这个计数，只需要在合并代码中稍做修改，当p2所指元素进入新集合时，将"ans += (ll)mid – p1 + 1;"写入程序。

```
if(a[p2] < a[p1])
{
t[cnt++] = a[p2++];
ans += (ll)mid - p1 + 1;
}
```

程序的完整代码如下：

```
#include <bits/stdc++.h>
```

```cpp
#define ll long long
using namespace std;
template <typename T>
inline void readin(T & x)
{
 bool f = false;
 x = 0;
 char ch = getchar();
 while(!isdigit(ch))
 {
   if(ch == '-')
   {
     f = 1;
   }
   ch = getchar();
 }
 while(isdigit(ch))
 {
   x = (x << 3) + (x << 1) + (ch ^ 48);
   ch = getchar();
 }
 if(f)
 {
   x = -x;
 }
}
const int N = 1000000 + 5;
const int inf = 0x7f7f7f7f;
int n;
int a[N], t[N];
```

```
long long ans;
void Merge(int l, int r)
{
  int mid = (l + r) >> 1;
  int p1 = l;
  int p2 = mid + 1;
  int cnt = 1;
  while(p1 <= mid && p2 <= r)
  {
    //t[cnt++] = a[p1] < a[p2] ? a[p1++] : a[p2++];
    if(a[p2] < a[p1])
    {
      t[cnt++] = a[p2++];
      ans += (ll)mid - p1 + 1;
    }
    else
    {
      t[cnt++] = a[p1++];
    }
  }
  while(p1 <= mid)
  {
    t[cnt++] = a[p1++];
  }
  while(p2 <= r)
  {
    t[cnt++] = a[p2++];
  }
  for(int i = 1; i < cnt; i++)
  {
```

```
            a[1 + i - 1] = t[i];
        }
    }
void Sort(int l, int r)
{
    if(l == r)
    {
        return;
    }
    int mid = (l + r) >> 1;
    Sort(l, mid);
    Sort(mid + 1, r);
    Merge(l, r);
}
int main()
{
    readin(n);
    for(int i = 1; i <= n; i++)
    {
        readin(a[i]);
    }
    Sort(1, n);
    cout << ans << endl;
    return 0;
}
```

还有一种基于分治思想实现的排序算法，名为**快速排序**。具体做法如下，首先从序列中选取一个基准数，一般来说，我们选择中间的那个数为基准数，按从小到大排序，接下来我们从基准数的右侧找比它小的数字放到左边，从基准数的左侧找到大于或者等于它的数字放到右侧。当这项工作全部完成后，我们会发现基准数把整个序列分成了两个部分，左边都是比基准数小的数字，右

侧都是比基准数大的数字，然后，我们对左右新区间重复上述过程，直至各区间只剩一个数字为止，至此排序完成。

完整代码如下：

```cpp
#include<iostream>
using namespace std;
int n, a[1000001];
void qsort(int l, int r) //应用二分思想
{
 int mid = a[(l + r) / 2]; //中间数
 int i = l, j = r;
 do
 {
   while(a[i] < mid)
   {
     i++;      //查找左半部分比中间数大的数
   }
   while(a[j] > mid)
   {
     j--;      //查找右半部分比中间数小的数
   }
   if(i <= j) //如果有一组不满足排序条件（左小右大）的数
   {
     swap(a[i], a[j]); //交换
     i++;
     j--;
   }
 }
 while(i <= j); //这里注意要有=
 if(l < j)
 {
```

```cpp
        qsort(1, j);      //递归搜索左半部分
  }
  if(i < r)
  {
        qsort(i, r);      //递归搜索右半部分
  }
}
int main()
{
cin >> n;
  for(int i = 1; i <= n; i++)
  {
        cin >> a[i];
  }
  qsort(1, n);
  for(int i = 1; i <= n; i++)
  {
        cout << a[i] << " ";
  }
}
```

第十八课　最短路径

【问题描述】

求出下图任意两点间的最短路径。

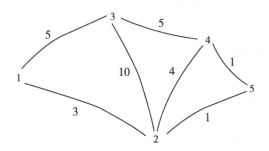

首先给大家介绍的是Floyd算法，算法的核心思想是想要缩短任意两点间的距离，需要借助第三个点来帮忙，当搜索完能够缩短距离的所有点后，任意两点的最短距离就确定下来了。

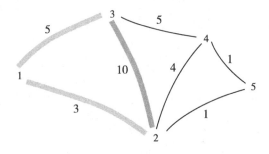

例如，3号点到2号点的距离是10，当加入1号点时，3号点到1号点的距离是5，1号点到2号点的距离是3，因为5加3等于8，小于10，所以1号点可以缩短3号点到2号点的距离，实际上，4号点和5号点可以让3号点到2号点的距离缩得

更短，本节课的任务就是把能够缩短距离的点都找出来。

最初，可以用二维表格记录图中任意两点的距离情况。

	1	2	3	4	5
1	0	3	5	∞	∞
2	3	0	10	4	1
3	5	10	0	5	∞
4	∞	4	5	0	1
5	∞	1	∞	1	0

无法直接到达的两点距离用∞表示。

接下来，判断借助1号点是否能够缩短图中任意两点的距离。

2–>3经过1号点后，距离更新为8。

更新表格如下：

	1	2	3	4	5
1	0	3	5	∞	∞
2	3	0	8	4	1
3	5	8	0	5	∞
4	∞	4	5	0	1
5	∞	1	∞	1	0

然后，判断借助2号点是否能够缩短图中任意两点的距离。

1–>4经过2号点后，距离更新为7（由不可达变可达）。

1–>5经过2号点后，距离更新为4（由不可达变可达）。

3–>5经过1、2号点后，距离更新为9（由不可达，变可达）。

更新表格如下：

	1	2	3	4	5
1	0	3	5	7	4
2	3	0	8	4	1
3	5	8	0	5	9
4	7	4	5	0	1
5	4	1	9	1	0

接着，判断借助3号点是否能够缩短图中任意两点的距离。由于没有可以更

新的路径，表格保持不变。

	1	2	3	4	5
1	0	3	5	7	4
2	3	0	8	4	1
3	5	8	0	5	9
4	7	4	5	0	1
5	4	1	9	1	0

再接着，判断借助4号点是否能够缩短图中任意两点的距离。

3->5经过4号点后，距离更新为6。

	1	2	3	4	5
1	0	3	5	7	4
2	3	0	8	4	1
3	5	8	0	5	6
4	7	4	5	0	1
5	4	1	6	1	0

最后，判断借助5号点是否能够缩短图中任意两点的距离。

1->4经过5号点后，距离更新为5。

2->3经过5号点后，距离更新为7。

2->4经过5号点后，距离更新为2。

更新表格如下：

	1	2	3	4	5
1	0	3	5	5	4
2	3	0	7	2	1
3	5	7	0	5	6
4	5	2	5	0	1
5	4	1	6	1	0

Floyd算法基于动态规划的思想，找出每对点之间的最短距离。所判断的图可以是无向图，也可以是有向图，边权即使为负值，也不会影响找到的最短路径，但图中不能存在负环。

例如上图情况，如果环状结构权值为负数，就意味着U、V之间没有最短路径，因为每经过一次环状结构，U、V之间的路径就会缩短，如果环状结构权值为正数，则不会影响U、V之间的最短路径。

Floyd算法核心代码如下：

```
for(int k = 1; k <= n; k++)
{
  for(int i = 1; i <= n; i++)
  {
    for(int j = 1; j <= n; j++)
    {
     if(dis[i][k] != INF && dis[k][j] != INF && dis[i][k] +
dis[k][j] < dis[i][j])
      {
       dis[i][j] = dis[i][k] + dis[k][j];
      }
    }
  }
}
```

最短路径的打印问题，只需要在更新最短距离时记录前驱关键节点即可，使用pre[u][v]存储U到V路径中U的后一个节点，这样的记录方式方便从正向推得整条路径，以空间换取时间。在查找最短路径之前，pre数组的存储状态如下表，例如，pre[2][3]=3表示路径2至3中，离2最近的点是3。

	1	2	3	4	5
1	1	2	3	4	5
2	1	2	3	4	5
3	1	2	3	4	5
4	1	2	3	4	5
5	1	2	3	4	5

经由1号点，2号点到3号点的最短距离发生变化，pre[2][3] = pre[2][1]=1，pre[3][2] = pre[3][1]=1，更新表格如下：

	1	2	3	4	5
1	1	2	3	4	5
2	1	2	1	4	5
3	1	1	3	4	5
4	1	2	3	4	5
5	1	2	3	4	5

经由2号点，更新表格如下：

	1	2	3	4	5
1	1	2	3	2	2
2	1	2	1	4	5
3	1	1	3	4	1
4	2	2	3	4	5
5	2	2	2	4	5

经由3号点，更新表格如下：

	1	2	3	4	5
1	1	2	3	2	2
2	1	2	1	4	5
3	1	1	3	4	1
4	2	2	3	4	5
5	2	2	2	4	5

经由4号点，更新表格如下：

	1	2	3	4	5
1	1	2	3	2	2
2	1	2	1	4	5
3	1	1	3	4	4
4	2	2	3	4	5
5	2	2	4	4	5

经由5号点，更新表格如下：

	1	2	3	4	5
1	1	2	3	2	2
2	1	2	5	5	5
3	1	4	3	4	4
4	5	5	3	4	5
5	2	2	4	4	5

Floyd算法核心代码修改如下：

```
for(int k = 1; k <= n; k++)
{
 for(int i = 1; i <= n; i++)
 {
  for(int j = 1; j <= n; j++)
  {
     if(dis[i][k] != INF && dis[k][j] != INF && dis[i][k] +
dis[k][j] < dis[i][j])
    {
      dis[i][j] = dis[i][k] + dis[k][j];
      pre[i][j] = pre[i][k];
    }
  }
 }
}
```

路径打印代码如下：

```cpp
int pfpath(int u, int v)
{
 while(u != v)
 {
   cout << u << " ";
   u = pre[u][v];
 }
 cout << u << endl;
}
```

完整的Floyd算法代码如下：

```cpp
#include <bits/stdc++.h>
typedef long long LL;
const int MAXN = 100;
const int INF = 0x3f3f3f3f;
using namespace std;
int pre[MAXN][MAXN], dis[MAXN ][MAXN];
int n, m;
void floyd()
{
 for(int k = 1; k <= n; k++)
 {
   for(int i = 1; i <= n; i++)
   {
     for(int j = 1; j <= n; j++)
     {
       if(dis[i][k] != INF && dis[k][j] != INF && dis[i][k]
+ dis[k][j] < dis[i][j])
       {
         dis[i][j] = dis[i][k] + dis[k][j];
```

```
            pre[i][j] = pre[i][k];
        }
      }
    }
  }
}

int pfpath(int u, int v)
{
  while(u != v)
  {
    cout << u << " ";
    u = pre[u][v];
  }
  cout << u << endl;
}
int main()
{
  cin >> n >> m;
  for(int i = 1; i <= n; i++)
  {
    for(int j = 1; j <= n; j++)
    {
      dis[i][j] = (i == j ? 0 : INF);
      pre[i][j] = j;
    }
  }
  for(int i = 1; i <= m; i++)
  {
    int u, v, w;
```

```
    cin >> u >> v >> w;
    dis[u][v] = w;
    dis[v][u] = w;
}
floyd();
pfpath(2, 3);
return 0;
}
```

修改上述问题，不再是求任意两点间的最短距离，而是求指定顶点到其余各点的最短距离。可以采用Dijkatra算法来求解，具体过程如下，从未确定距离的点集中，找到距离源点最近的点，通过该点确认是否可以缩短源点到其余各点的距离，重复这个过程，直到源点至其余各点已是最短路径为止。

初始状态下，1号点到其余各点的距离如下表所示：

1	2	3	4	5
0	3	5	∞	∞

找到距离1号点最近的2号点，以2号点为出发点，判断通过2号点是否能够缩短1号点到其余各点的距离。确认完成后，表格更新如下：

1	2	3	4	5
0	3	5	7	4

从剩余节点中，继续寻找距离1号点最近的点，找到5号点。以5号点为出发点，判断通过5号点是否能够缩短1号点到其余各点的距离。确认完成后，表格更新如下：

1	2	3	4	5
0	3	5	5	4

从剩余节点中，继续寻找距离1号点最近的点，找到3号点。以3号点为出发点，判断通过3号点是否能够缩短1号点到其余各点的距离。确认完成后，表格更新如下：

1	2	3	4	5
0	3	5	5	4

从剩余节点中，继续寻找距离1号点最近的点，找到4号点。以4号点为出发点，判断通过4号点是否能够缩短1号点到其余各点的距离。确认完成后，表格更新如下：

1	2	3	4	5
0	3	5	5	4

至此，再无点可用，1号点到其余各点的最短距离如上表所示。

从上述过程可以看出，Dijkatra算法是基于贪心的思想，为什么这样找到的路径就是最短路径呢？

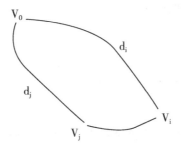

按上述方法，从上图中找到一条从点V_0至点V_i的最短路径为d_i，如果还能够通过点V_j找到一条更短的路径，那么点V_j肯定较点V_i距离点V_0更远，因此从点V_0到点V_j的距离d_j要大于d_i，从而基于点V_j到点V_i的距离要大于d_i，与之前的假设相矛盾，上述贪心求解的思路是正确的。

Dijkatra算法完整代码如下：

```cpp
#include <bits/stdc++.h>
typedef long long LL;
const int MAXN = 100;
const int INF = 0x3f3f3f3f;
using namespace std;
int dis[MAXN], vis[MAXN];
```

```
int G[MAXN][MAXN];
int n, m;
void dijkstra(int st)
{
  for(int i = 1; i <= n; i++)
  {
    dis[i] = G[st][i];
    vis[i] = 0;
  }
  vis[st] = 1;
  for(int i = 1; i <= n; i++)
  {
    //找到和起点距离最短的点
    int minx = INF;
    int u;
    for(int j = 1; j <= n; j++)
    {
      if(vis[j] == false && dis[j] <= minx)
      {
        minx = dis[j];
        u = j;
      }
    }
    //并标记
    vis[u] = true;
    //更新所有和它连接的点的距离
    for(int j = 1; j <= n; j++)
    {
      if(vis[j] == false && dis[j] > dis[u] + G[u][j])
      {
```

```cpp
            dis[j] = dis[u] + G[u][j];
        }
    }
}
int main()
{
    cin >> n >> m;
    for(int i = 1; i <= n; i++)
    {
        for(int j = 1; j <= n; j++)
        {
            G[i][j] = (i == j ? 0 : INF);
        }
    }
    for(int i = 1; i <= m; i++)
    {
        int u, v, w;
        cin >> u >> v >> w;
        G[u][v] = w;
        G[v][u] = w;
    }
    dijkstra(1);
    for(int i = 1; i <= n; i++)
    {
        cout << dis[i] << ' ';
    }
    cout << endl;
    return 0;
}
```

Dijkatra算法无法解决负边权的最短路径问题。

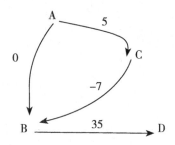

对于上图，若按照Dijkatra算法，求A点到其余各点的最短距离，其初始状态如下：

A	B	C	D
0	0	5	∞

第一次更新表格后：

A	B	C	D
0	0	5	35

第二次更新表格后：

A	B	C	D
0	0	5	35

第三次更新表格后：

A	B	C	D
0	0	5	35

其实沿着A->C->B->D，可以使A点到D点的距离缩短为33。前文说过Dijkatra算法是基于贪心思想实现的，因此无后效性，而负边权的出现使算法不具备无后效性。在确定点A到点B的最短距离为0后，如果沿着A->C->B这条路径，则A->B距离更短，所以Dijkatra算法无法处理包含负边权的图。

对于点少边多的稠密图来说，使用二维数组存图是个不错的选择，但对于点多边少的稀疏图来说，选择二维数组存图就会造成空间的浪费。这时，我们可以使用邻接链表来存图。如何构造邻接链表呢？我们要先准备几个数组，数组u、数组v、数组w分别保存一条边的两个顶点和权值，例如u[1]=1，v[1]=3，w[1]=5表示1号边的顶点分别是1号点和3号点，权值为5。接下来，我们靠first数组和next数组把这些边链接在一起，first数组保存当前顶点第一条边的编号，next数组保存当前点另一条边的编号，例如first[1]=1，next[1]=2表示1号点的第一条边是编号为1的边，1号点的另一条边是2号边。构图的具体代码如下：

```
for(int i = 1; i <= m; i++)
{
    cin >> u[i] >> v[i] >> w[i];
    next[i] = first[u[i]];
    first[u[i]] = i;
}
```

上图邻接链表建好后，结构如下表所示。

①	u=A	v=C	w=5
②	u=A	v=B	w=0
③	u=C	v=B	w=−7
④	u=B	v=D	w=35

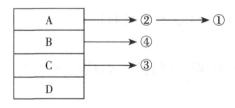

完整代码如下：

```
#include <bits/stdc++.h>
typedef long long LL;
const int MAXN = 100;
const int INF = 0x3f3f3f3f;
using namespace std;
int dis[MAXN], vis[MAXN];
```

```
int u[MAXN], v[MAXN], w[MAXN];
int first[MAXN], nxt[MAXN];
int n, m;
void dijkstra(int st)
{
  for(int i = 1; i <= n; i++)
  {
    int minx = INF;
    int u;
    for(int j = 1; j <= n; j++)
    {
      if(vis[j] == false && dis[j] <= minx)
      {
        minx = dis[j];
        u = j;
      }
    }
    vis[u] = true;
    for(int j = first[u]; j != -1; j = nxt[j])
    {
      if(vis[v[j]] == false && dis[v[j]] > dis[u] + w[j])
      {
        dis[v[j]] = dis[u] + w[j];
      }
    }
  }
}
int main()
{
memset(first, -1, sizeof(first));
```

```
memset(nxt, -1, sizeof(nxt));
memset(vis, 0, sizeof(vis));
memset(dis, INF, sizeof(dis));
cin >> n >> m;
for(int i = 1; i <= m; i++)
{
  cin >> u[i] >> v[i] >> w[i];
  nxt[i] = first[u[i]];
  first[u[i]] = i;
  if(u[i] == 1)
  {
   dis[v[i]] = w[i];
  }
}
for(int i = 1; i <= m; i++)
{
  //cin >> u[i] >> v[i] >> w[i];
  u[i + m] = v[i];
  v[i + m] = u[i];
  w[i + m] = w[i];
  nxt[i + m] = first[u[i + m]];
  first[u[i + m]] = i + m;
  if(u[i + m] == 1)
  {
    dis[v[i + m]] = w[i + m];
  }
}
dis[1] = 0;
vis[1] = 1;
dijkstra(1);
```

```
for(int i = 1; i <= n; i++)
{
 cout << dis[i] << ' ';
}
cout << endl;
return 0;
}
```

除了处理稀疏图时可以使用邻接链表法存图以提高效率外，还可以在查找距离源点的最短路径时，借助优先队列优化查询时间。我们用结构体Node描述源点至目标节点的长度信息，在结构体Node中，x表示目标节点编号，dis表示源点到目标节点的最短路径长度，将节点距离发生变化的点放入最小堆中，依靠最小堆结构的特殊性找到距离源点最近的节点，重新更新dis列表，直至dis列表中存放的均为最短路径。

完整代码如下：

```
#include <bits/stdc++.h>
typedef long long LL;
const int MAXN = 100;
const int INF = 0x3f3f3f3f;
using namespace std;
int dis[MAXN];
int u[MAXN], v[MAXN], w[MAXN];
int f[MAXN], nxt[MAXN];
int n, m;
struct Node
{
 int x;
 int dis;
 bool operator < (const Node & a) const
 {
   if(dis == a.dis)
```

```
    {
      return x < a.x;
    }
    else
    {
      return dis < a.dis;
    }
  }
};
void dijkstra(int st)
{
  priority_queue<Node> que;
  //que.push(Node(st, dis[st]));
  Node node;
  node.dis = dis[st];
  node.x = st;
  que.push(node);
  while(!que.empty())
  {
    node = que.top();
    int u = node.x;
    que.pop();
    for(int i = f[u]; i != -1; i = nxt[i])
    {
      if(dis[v[i]] > dis[u] + w[i])
      {
        dis[v[i]] = dis[u] + w[i];
        node.x = v[i];
        node.dis = dis[v[i]];
        que.push(node);
```

```
        }
      }
    }
}
int main()
{
  memset(f, -1, sizeof(f));
  memset(nxt, -1, sizeof(nxt));
  memset(dis, INF, sizeof(dis));
  cin >> n >> m;
  for(int i = 1; i <= m; i++)
  {
    cin >> u[i] >> v[i] >> w[i];
    nxt[i] = f[u[i]];
    f[u[i]] = i;
    if(u[i] == 1)
    {
      dis[v[i]] = w[i];
    }
  }
  dis[1] = 0;
  dijkstra(1);
  for(int i = 1; i <= n; i++)
  {
    cout << dis[i] << ' ';
  }
  cout << endl;
  return 0;
}
```

Dijkatra算法无法处理负边权，有没有一种高效的且可以处理负边权的算法呢？有！SPFA算法！Dijkatra算法是基于最近点来缩短源点至其余各点的距离，**SPFA算法**则是依靠对边的操作来缩短源点和其余各点的距离。在基于边的操作过程中，有些点的最短距离已无法改变，如果依然继续判断是否能够缩短距离就会提高时间复杂度，所以只使用最短路径有变化的点的出边进行下一轮操作。例如下图：

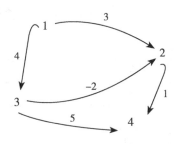

在对边的操作中，1号点至3号点的最短距离是4，再也无法通过任何边的操作缩短1号点至3号点的距离，如果用枚举的方式尝试缩短1号点至3号点的距离，就会造成时间的浪费。SPFA算法的具体实现要依靠队列来完成，具体实现步骤如下：

用dis数组记录1号点到其余各点的距离，队列中存放最短距离发生变化的点，初始状态如下：

	①	②	③	④
dis	0	∞	∞	∞

队首　　　　队尾

队列	①

1号点出队，1号点至2号点的边可以缩短1号点至2号点的距离为3，所以2号点入队，同理，3号点入队。

	①	②	③	④
dis	0	3	4	∞

队首　　　　　　队尾

队列	②	③

2号点出队，2号点至4号点的边可以缩短1号点至4号点的距离为4，所以4号

点入队。

	①	②	③	④
dis	0	3	4	4

队首　　　　　　　　队尾

队列 | ③ | ④ |

3号点出队，3号点至2号点的边可以缩短1号点至2号点的距离为2，所以2号点再次入队。

	①	②	③	④
dis	0	2	4	4

队首　　　　　　　　队尾

队列 | ④ | ② |

4号点出队，4号点的边无法缩短1号点至其余各点的距离。

	①	②	③	④
dis	0	2	4	4

队首　队尾

队列 | ② |

2号点出队，2号点至4号点的边可以缩短1号点至4号点的距离为3，所以4号点再次入队。

	①	②	③	④
dis	0	2	4	3

队首　队尾

队列 | ④ |

4号点出队，4号点的边无法缩短1号点至其余各点的距离。

	①	②	③	④
dis	0	2	4	3

队首　队尾

队列 | |

至此，整个过程结束。

完整代码如下：

```cpp
#include <bits/stdc++.h>
typedef long long LL;
const int MAXN = 100;
const int INF = 0x3f3f3f3f;
using namespace std;
int dis[MAXN];
int f[MAXN];
int inq[MAXN];
int n, m;
int cnt;
struct Edge
{
 int v, w, nxt;
}
edge[MAXN * MAXN];
void add_edge(int u, int v, int w)
{
  ++cnt;
  edge[cnt].v = v;
  edge[cnt].w = w;
  edge[cnt].nxt = f[u];
  f[u] = cnt;
}
void SPFA()
{
 queue<int>q;
 q.push(1);
 dis[1] = 0;
```

```
    inq[1] = 1;
    while(!q.empty())
    {
      int u = q.front();
      q.pop();
      inq[u] = 0;
      for(int i = f[u]; i != -1; i = edge[i].nxt)
      {
        int v = edge[i].v;
        int w = edge[i].w;
        if(dis[v] > dis[u] + w)
        {
          dis[v] = dis[u] + w;
          if(inq[v] == 0)
          {
            inq[v] = 1;
            q.push(v);
          }
        }
      }
    }
}
int main()
{
  memset(f, -1, sizeof(f));
  memset(dis, INF, sizeof(dis));
  memset(inq, 0, sizeof(inq));
  cin >> n >> m;
  for(int i = 1; i <= m; i++)
  {
```

```
    int u, v, w;
    cin >> u >> v >> w;
    add_edge(u, v, w);
  }
  SPFA();
  for(int i = 1; i <= n; i++)
  {
    cout << dis[i] << ' ';
  }
  cout << endl;
  return 0;
}
```

仔细读过这段代码后，会发现这段代码和BFS算法的代码很像，简直一模一样，实际上两者还是有很大区别的。BFS算法中，一旦顶点离开了队列，就不会再次入队，但SPFA算法不同，离开队列的顶点如果还有优化的可能会再次入队，例如上图中的2号点和4号点。BFS算法中顶点入队的前提是顶点没有访问过，而SPFA算法中顶点入队的前提是该点不在当前队列中。

在有向图的最短路径中，环状结构是不存在的，如果存在正环，去掉这个环路，会让路径更短；如果存在负环，沿着负环一直走下去，路径会不断缩小，也不存在最短路径。所以，有向图的最短路径中，不会存在环路。基于以上思路，我们可以对SPFA算法稍做修改，即判断有向图中是否存在负环，如果图中的某个点入队的次数超过n次，该图中肯定存在负环。

完整代码如下：

```
#include <bits/stdc++.h>
typedef long long LL;
const int MAXN = 100;
const int INF = 0x3f3f3f3f;
using namespace std;
int dis[MAXN];
int f[MAXN];
```

```
int inq[MAXN];
int times[MAXN];
int n, m;
int cnt;
struct Edge
{
  int v, w, nxt;
}
edge[MAXN * MAXN];
void add_edge(int u, int v, int w)
{
 ++cnt;
 edge[cnt].v = v;
 edge[cnt].w = w;
 edge[cnt].nxt = f[u];
 f[u] = cnt;
}
bool SPFA()
{
 queue<int>q;
 q.push(1);
 dis[1] = 0;
 inq[1] = 1;
 times[1] = 1;
 while(!q.empty())
 {
   int u = q.front();
   q.pop();
   inq[u] = 0;
   for(int i = f[u]; i != -1; i = edge[i].nxt)
```

```
    {
      int v = edge[i].v;
      int w = edge[i].w;
      if(dis[v] > dis[u] + w)
      {
        dis[v] = dis[u] + w;
        if(inq[v] == 0)
        {
          inq[v] = 1;
          q.push(v);
          times[v]++;
          if(times[v] > n)
          {
            return false;
          }
        }
      }
    }
    return true;
}
int main()
{
  memset(f, -1, sizeof(f));
  memset(dis, INF, sizeof(dis));
  memset(inq, 0, sizeof(inq));
  cin >> n >> m;
  for(int i = 1; i <= m; i++)
  {
    int u, v, w;
```

```
        cin >> u >> v >> w;
        add_edge(u,  v,  w);
    }
    cout << SPFA() << endl;
    return 0;
}
```

第十九课　修复公路

在讲今天的内容之前，我们先聊一聊朋友的问题，正所谓朋友的朋友就是我的朋友，如果两个人发生冲突，恰好冲突的双方有共同的好朋友，那本着朋友的朋友就是我的朋友的原则，冲突自然迎刃而解。假设冲突双方是B和C，两人有一个共同的好友A，一番深度交流后，本着朋友原则，双方关系可表示如下：

C是个不安分守己的同学，没过几天，他和D同学又发生冲突。同样，冲突双方开始自报家门。C说："我是A的朋友。"D说："我是B的朋友。"C一想，D是B的朋友，B是A的朋友，我也是A的朋友，那我们也是朋友啦，算了算了，和平相处。

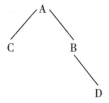

没过几天，C同学又和E同学发生了冲突。同样，冲突双方开始自报家门。C说："我是A的朋友。"E说："我是D的朋友。"C一想，E是D的朋友，D是B的朋友，B是A的朋友，我也是A的朋友，那我们也是朋友啦，算了算了，和平相处。

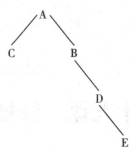

日子一天一天过去，A的名气越来越大，朋友的朋友越来越多，大家终于达成共识，每次出门，遇到问题，直接说"我是A的朋友"。这样可以节省很多时间，避免很多问题啊，于是，他们之间的关系变成这样：

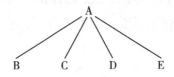

有时，冲突双方也会因为没有共同的朋友而发生争斗，但是不管冲突结果如何，正所谓不打不相识，冲突过后，双方总会重归于好。例如下图，E和F发生了冲突，E是A的朋友，而F一个朋友都没有，或者说F的朋友就是他自己，一番争斗之后，E和F成了朋友。

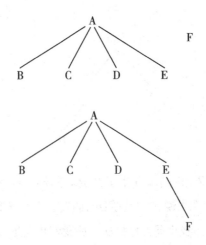

　　久而久之，聪明的F也发现了这个问题，A的名气实在太大，认识他的朋友太多，自报家门时，说自己是A的朋友效率会高很多。于是他们之间的关系变成这样：

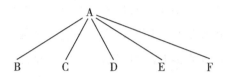

　　上述找朋友的过程，以及交朋友的过程可以用如下代码表述：

```
int fa[maxn];
int Find(int x)
{
  if (fa[x] != x)
  {
    fa[x] = Find(fa[x]);
  }
  return fa[x];
}
void Union(int x, int y)
{
 int fx = Find(x);
 int fy = Find(y);
 if (fx != fy)
 {
   fa[fx] = fy;
 }
}
```

　　Find函数的作用在于找到朋友，在找朋友的过程中，将朋友的朋友设定为自己的朋友，压缩一下关系树的深度，方便以后的查找。而Union函数的作用则是在冲突双发没有共同好友的情况下，冲突结束后，双方成了朋友，将朋友的

朋友设定为自己的朋友。

这种朋友关系的树形结构叫作**并查集**，并查集常用于处理一些不相交集合的合并及查询问题。

在使用kruskal**算法**构造最小生成树时，并查集起到关键作用。最小生成树是一种什么样的树呢？在最小生成树中，所有的点两两互通，任意可达，且构成最小生成树的路径和最小。所以，想要构造一棵最小生成树，要解决好两个问题：第一，生成树要有n-1条边以连通n个点；第二，生成树的权值要小，且无回路。并查集的作用就是判断待连接的两点是否已经连通，如果连通，就使用当前边构造最小生成树，如此才能产生回路。kruskal算法的具体步骤如下：

首先按照边的权值，对所有边从小到大排序，然后依次拿边构造最小生成树，如果当前边所连接的两点已经连通，则放弃当前的边。重复这项工作，直到有了n-1条边为止。以下图为例：

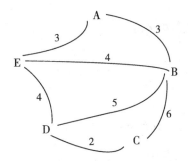

找到路径最短的边DC，发现D、C两点并未连接，当前边可用。

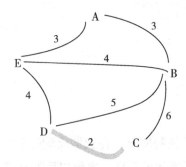

以同样的方法选出边AB、AE。

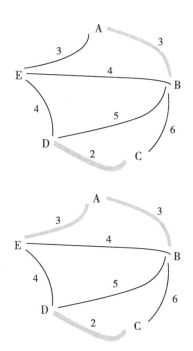

边长为4的边有两条，选择EB后，会发现E点和B点已经连通，利用并查集的结构很容易找出，E和B都有共同的"朋友"A，若不舍弃EB则会构成环路，所以选择ED。至此，n–1条边已经完全找齐，最小生成树构造完毕。

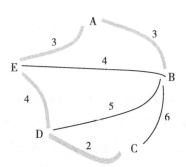

kruskal算法的代码实现如下：

```
void kruskal()
{
  sort(edge + 1，edge + cnt + 1);
  int i;
```

```
for(i = 1; i <= n; i++)
{
  fa[i] = i;
}
for(i = 1; i <= cnt; i++)
{
  int u = Find(edge[i].u);
  int v = Find(edge[i].v);
  if(u != v)
  {
    fa[v] = u;
    len += edge[i].w;
    used++;
    if(used == n - 1)
    {
      break;
    }
  }
}
}
```

【问题描述】

A地区在地震过后，连接所有村庄的公路都被损坏而无法通车，政府派人修复这些公路。给出A地区的村庄数N和公路数M，公路是双向的，已知每条公路所连通的两个村庄，以及每条公路的修复完成时间。问任意两个村庄最早在什么时候能够通车，即任意两条村庄最早什么时候都存在至少一条修复完成的道路（可以由多条公路连成一条道路）。

【输入格式】

第1行两个正整数N，M

下面M行，每行3个正整数x、y、t、x、y指代每条公路所连通的两个村庄，t指代修复完成这条公路所需的时间。

【输出格式】

如果全部公路修复完毕仍然存在两个村庄无法通车，则输出-1，否则输出最早什么时候任意两个村庄能够通车。

只要把每条公路修好的时间，看作权值，这个问题就变成了最小生成树的题。

完整代码如下：

```cpp
#include <bits/stdc++.h>
#define maxn 200000
using namespace std;
int n, m;
int fa[maxn];
int cnt;
int len;
int used;
int ans;
struct Edge
{
 int u, v, w;
}
edge[maxn];
bool operator <(const Edge & e1, const Edge & e2)
{
 return e1.w < e2.w;
}
void add_edge(int u, int v, int val)
{
  cnt++;
  edge[cnt].u = u;
  edge[cnt].v = v;
  edge[cnt].w = val;
```

```
}
int Find(int x)
{
 if(fa[x] != x)
 {
   fa[x] = Find(fa[x]);
 }
   return fa[x];
}
void kruskal()
{
 sort(edge + 1, edge + cnt + 1);
 int i;
 for(i = 1; i <= n; i++)
 {
   fa[i] = i;
 }
 for(i = 1; i <= cnt; i++)
 {
   int u = Find(edge[i].u);
       int v = Find(edge[i].v);
       if(u != v)
       {
         fa[v] = u;
         used++;
         ans = edge[i].w;
         if(used == n - 1)
         {
           break;
         }
```

```
        }
    }
}
int main()
{
 cin >> n >> m;
 for(int i = 1; i <= m; i++)
 {
   int u, v, w;
   cin >> u >> v >> w;
   add_edge(u, v, w);
 }
 kruskal();
 if(used < n - 1)
 {
  cout << -1;
 }
 else
 {
   cout << ans;
 }
}
```

第二十课　无线通信网

在讲本节内容之前，先介绍一种比较特殊的完全二叉树——**二叉堆**。这种二叉树特殊在哪里呢？如果是最小二叉堆，树中的任何一个父节点的值一定小于或者等于左右子节点的值，例如：

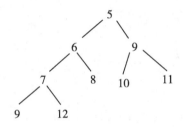

对于二叉堆来说，有两个最重要的操作：节点的上移和节点的下移。如果想在已经建好的二叉堆结构上插入新的节点，就要用到节点的上移，具体做法如下：

首先将要插入的新节点放在最后。

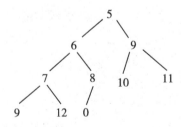

然后将新节点和其父节点进行比较，如果小于父节点的值，互换调整。

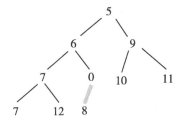

继续比较，当不符合最小二叉堆的结构时，继续调整。

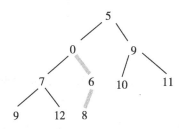

继续比较，当不符合最小二叉堆的结构时，继续调整。

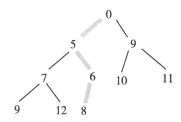

至此，调整完毕。建二叉堆时，我们可以不断地向已有的二叉堆结构中插入新元素来实现堆的建立，具体代码如下所示。

```
void pushup(int p)
{
  int fa = p >> 1;
  int t = heap[p];
  while (fa && heap[fa]> t)
  {
    heap[p] = heap[fa];
    p = fa;
```

```
        fa = fa >> 1;
    }
    heap[p] = t;
}
void insert(int val)
{
    sz++;
    heap[sz] = val;
    pushup(sz);
}
```

当需要弹出堆顶元素时，我们可以借助节点的下移操作重新调整二叉堆的结构，具体做法如下所示：

取出堆顶最小元素0后，把最后一个节点8移至堆顶。

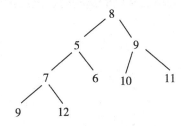

如果8大于左右子节点中的最小值，向下调整。

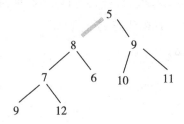

调整后，若依然不符合最小二叉堆的结构，继续向下调整。

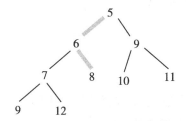

至此，最小二叉堆结构调整完毕。关于二叉堆的向下调整，弹出堆顶元素的操作代码如下所示：

```
void pushdown(int p)
{
  int son = p << 1;
  int t = heap[p];
  while(son <= sz)
  {
    if(son < sz && heap[son] > heap[son + 1])
    {
     son++;
    }
    if(heap[son] >= t)
    {
     break;
    }
    heap[p] = heap[son];
    p = son;
    son = son << 1;
  }
  heap[p] = t;
}
void pop()
{
```

```
heap[1] = heap[sz];
sz--;
pushdown(1);
}
```

除了使用二叉堆排序之外，二叉堆的主要应用之一是在给定无序数组中，找出第k大的值。例如，在无序数组{5，6，9，7，8，10，11，9，12}中，找出第4大的元素。基本思路：首先建立大小为4的最小二叉堆，堆顶元素一定是这4个元素中最小的，然后遍历数组并和堆顶元素比较，如果比堆顶元素的值小，直接舍去，如果比堆顶元素的值大，替换堆顶元素后，重新调整二叉堆的结构，直至符合最小二叉堆结构为止，当数组中的元素全部遍历完成后，堆顶元素即为无序数组中第4大的元素。具体做法如下：

首先，以前4个元素为基础，构造最小二叉堆结构。

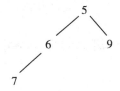

接下来，取下一个元素8和堆顶元素比较，8大于5，替换堆顶元素，重新调整最小二叉堆结构。

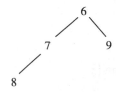

取下一个元素10和堆顶元素比较，10大于6，替换堆顶元素，重新调整最小二叉堆结构。

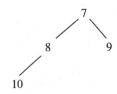

取下一个元素11和堆顶元素比较，11大于7，替换堆顶元素，重新调整最小二叉堆结构。

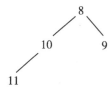

取下一个元素9和堆顶元素比较，9大于8，替换堆顶元素，重新调整最小二叉堆结构。

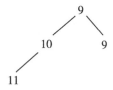

取下一个元素12和堆顶元素比较，12大于9，替换堆顶元素，重新调整最小二叉堆结构。

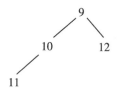

至此，全部元素遍历完毕。在给定无序数组中，第4大的数字是9。

完整代码如下：

```cpp
#include <bits/stdc++.h>
#define ll long long
using namespace std;
const int MAXN = 10000;
int heap[MAXN];
int sz;
int n, k;
void pushup(int p)
```

```
{
  int fa = p >> 1;
  int t = heap[p];
  while(fa && heap[fa] > t)
  {
    heap[p] = heap[fa];
    p = fa;
    fa = fa >> 1;
  }
  heap[p] = t;
}
void insert(int val)
{
  sz++;
  heap[sz] = val;
  pushup(sz);
}
void pushdown(int p)
{
  int son = p << 1;
  int t = heap[p];
  while(son <= sz)
  {
    if(son < sz && heap[son] > heap[son + 1])
    {
      son++;
    }
    if(heap[son] >= t)
    {
      break;
```

```
    }
    heap[p] = heap[son];
    p = son;
    son = son << 1;
  }
  heap[p] = t;
}
void pop()
{
 heap[1] = heap[sz];
 sz--;
 pushdown(1);
}
int main(void)
{
cin >> n >> k;
  int t;
  for(int i = 1; i <= k; i++)
  {
    cin >> t;
    insert(t);
  }
  for(int i = k + 1; i <= n; i++)
  {
    cin >> t;
    if(t >= heap[1])
    {
      heap[1] = t;
      pushdown(1);
    }
```

```
    }
    cout << heap[1] << endl;
    return 0;
}
```

二叉堆的另一个重要应用是优化Prim算法找最小生成树的路径，即优化查找时间。前面，我们已经学习过基于贪心思想寻找最小生成树的kruskal算法，kruskal算法从边的角度出发，构造最小生成树。而**Prim算法**则是从点的角度考虑，构造最小生成树。Prim算法的核心思想是寻找距离最小生成树最近的点，并以此构造最小生成树。以下图为例，讲解Prim算法的具体步骤，其中dis数组存储图中各点到最小生成树的距离。

	1	2	3	4	5	6
dis	0	6	1	5	∞	∞

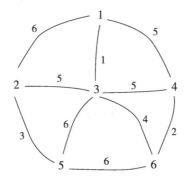

以1号点为起点，开始构造最小生成树，此时，最小生成树只有1号点，距离1号点最近的点是3号，所以，将3号点加入最小生成树，然后判断通过3号点是否能够缩短最小生成树到其余各点的距离。表格更新如下：

	1	2	3	4	5	6
dis	0	5	1	5	6	4

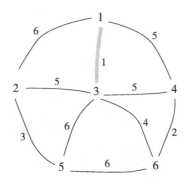

此时，最小生成树有1号、3号两点，重复刚才的过程，找到距离最小生成树最近的点——6号点，借助6号点判断是否能够缩短最小生成树到其余各点的距离。表格更新如下：

	1	2	3	4	5	6
dis	0	5	1	2	6	4

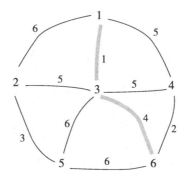

此时，最小生成树有1号、3号、6号三点，重复刚才的过程，找到距离最小生成树最近的点——4号点，借助4号点判断是否能够缩短最小生成树到其余各点的距离。表格更新如下：

	1	2	3	4	5	6
dis	0	5	1	2	6	4

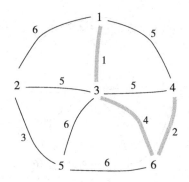

此时，最小生成树有1号、3号、6号、4号四点，重复刚才的过程，找到距离最小生成树最近的点——2号点，借助2号点判断是否能够缩短最小生成树到其余各点的距离。表格更新如下：

	1	2	3	4	5	6
dis	0	5	1	2	3	4

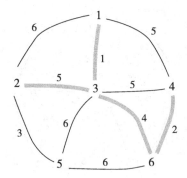

最后选择5号点，至此，完成最小生成树的全部构造。

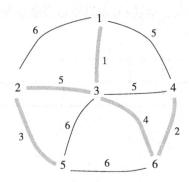

Prim算法核心代码如下：

```
int Prim()
{
  dis[1] = 0;
  vis[1] = 1;
  int i, j, k;
  for(i = 1; i < n; i++)
  {
    int min_dis = INF;
    int x, y;
    for(j = 1; j <= n; j++)
    {
      if(vis[j] == 0 && dis[j] < min_dis)
      {
        min_dis = dis[j];
        x = j;
      }
    }
    vis[x] = 1;
    res += min_dis;
    for(k = first[x]; k != -1; k = nxt[k])
    {
     if(vis[v[k]] == 0 && dis[v[k]] > w[k])
     {
        dis[v[k]] = w[k];
     }
    }
  }
}
```

有同学会说，Prim算法和求最短路径的Dijkatra算法很像。不错，这两个算

法是很像，但他们不完全一样，最根本的区别在于Dijkatra算法中dis数组保存的是图中其余各点到源点的距离，而Prim算法中dis数组保存的是图中其余各点到最小生成树的距离。大家可从下面的代码片段中体会二者的区别。

```
//Dijkatra算法
for(int j = first[u]; j != -1; j = nxt[j])
{
 if(vis[v[j]] == false && dis[v[j]] > dis[u] + w[j])
 {
   dis[v[j]] = dis[u] + w[j];
 }
}
//Prim算法
for(k = first[x]; k != -1; k = nxt[k])
{
 if(vis[v[k]] == 0 && dis[v[k]] > w[k])
 {
   dis[v[k]] = w[k];
 }
}
```

二叉堆结构如何优化Prim算法？在确定图中各点到最小生成树的最小距离时，使用二叉堆可以优化查找时间，同理二叉堆结构也可以优化Dijkatra算法中最短距离的查找时间。完整代码如下：

```
#include <bits/stdc++.h>
#define ll long long
const int INF = 0x3f3f3f3f;
using namespace std;
const int MAXN = 10000;
int u[MAXN], v[MAXN], w[MAXN];
int first[MAXN], nxt[MAXN];
int n, m;
```

```
int cnt;
int dis[MAXN], vis[MAXN];
ll res;
int sz;
struct Node
{
 int id, val;
}
heap[MAXN];
void pushup(int p)
{
 int fa = p >> 1;
 Node t = heap[p];
 while(fa && heap[fa].val > t.val)
 {
   heap[p] = heap[fa];
   p = fa;
   fa = fa >> 1;
 }
 heap[p] = t;
}
void insert(int id, int val)
{
  sz++;
  heap[sz].id = id;
  heap[sz].val = val;
  pushup(sz);
}
void pushdown(int p)
{
```

```
    int son = p << 1;
    Node t = heap[p];
    while(son <= sz)
    {
      if(son < sz && heap[son].val > heap[son + 1].val)
      {
        son++;
      }
      if(heap[son].val >= t.val)
      {
        break;
      }
      heap[p] = heap[son];
      p = son;
      son = son << 1;
    }
    heap[p] = t;
}
void pop()
{
  heap[1] = heap[sz];
  sz--;
  pushdown(1);
}
int Prim()
{
  insert(1, 0);
  dis[1] = 0;
  int i, j, k;
  while(cnt < n)
```

```
  {
    Node x = heap[1];
    pop();
    if(vis[x.id] == 1)
    {
      continue;
    }
    cnt++;
    vis[x.id] = 1;
    res += x.val;
    for(k = first[x.id]; k != -1; k = nxt[k])
    {
      if(vis[v[k]] == 0 && dis[v[k]] > w[k])
      {
        dis[v[k]] = w[k];
        insert(v[k], w[k]);
      }
    }
  }
}
int main(void)
{
 memset(first, -1, sizeof(first));
 memset(nxt, -1, sizeof(nxt));
 memset(dis, INF, sizeof(dis));
 memset(vis, 0, sizeof(vis));
 cin >> n >> m;
 for(int i = 1; i <= m; i++)
 {
   cin >> u[i] >> v[i] >> w[i];
```

```
nxt[i] = first[u[i]];
first[u[i]] = i;
}
for(int i = 1; i <= m; i++)
{
  //cin >> u[i] >> v[i] >> w[i];
  u[i + m] = v[i];
  v[i + m] = u[i];
  w[i + m] = w[i];
  nxt[i + m] = first[u[i + m]];
  first[u[i + m]] = i + m;
}
Prim();
cout << res << endl;
return 0;
}
```

【问题描述】

某部队计划用无线网络连接若干个边防哨所，用两种不同的通信技术来搭建无线网络，每个边防哨所都要配备无线电收发器，有一些哨所还可以增配卫星电话。任意两个配备了一条卫星电话线路的哨所（两边都有卫星电话）均可以通话，且不受距离限制；而只通过无线电收发器通话的哨所之间的距离不能超过D，因为其受无线电收发器的功率限制，收发器的功率越高，可通话距离D会更远，但同时价格也会更贵。

收发器需要统一购买和安装，所以全部哨所只能选择安装同一型号的收发器，换句话说，每一对哨所之间的可通话距离都是同一个D，你的任务是确定无线电收发器必需的最小通话距离 D，使得每一对哨所之间至少有一条通话路径（直接的或者间接的）。

【输入格式】

数据第1行为两个整数S和P，S表示可安装卫星电话的哨所数，P表示边防哨所的数量，接下来P行，每行两个整数x，y，以描述一个哨所的平面坐标(x， y), 以 km 为单位。

【输出格式】

输出1个实数D, 表示无线电收发器的最小传输距离, 精确到小数点后两位。

按照题意, 最小通话距离D一定在最小生成树中, 卫星是干啥的? 进一步降低成本的! 最小生成树构成后, 可以用卫星去掉通话距离较大的边。特别要注意, 卫星电话连通的不是某两个点, 而是两个区域, 一个树结构里, 删掉n条边一定出现n+1个连通块, 所以卫星电话数量就是连通块数量, 只要删除S-1条边即可。

完整代码如下:

```cpp
#include <iostream>
#include <cstdio>
#include <cstring>
#include <cctype>
#include <cmath>
#include <string>
#include <cstdlib>
#include <algorithm>
#include <map>
#include <queue>
#include <vector>
#define INF 0x3f3f3f3f
#define maxn 510
#define mod 1000000007
using namespace std;
int s, p, cnt;
int vis[maxn];
double d1[maxn][maxn], d2[maxn];
double res[maxn];
struct Node
{
```

```
  int x;
  int y;
}
node[100010];
bool cmp(int x, int y)
{
  return x > y;
}
int read()
{
  int x = 0, f = 1;
  char ch = getchar();
  while(ch < '0' || ch > '9')
  {
    if(ch == '-')
    {
      f = -1;
    }
    ch = getchar();
  }
  while('0' <= ch && ch <= '9')
  {
    x = (x << 3) + (x << 1) + (ch ^ 48);
    ch = getchar();
  }
  return x * f;
}
double dis(Node a, Node b)
{
  return sqrt((a.x - b.x) * (a.x - b.x) + (a.y - b.y) * (a.y
```

```
    - b.y));
    }
    int main()
    {
     s = read();
     p = read();
     int i, j;
     for(i = 1; i <= p; i++)
     {
       node[i].x = read();
       node[i].y = read();
       d2[i] = INF;
     }
     for(i = 1; i <= p; i++)
     {
      for(j = 1; j <= p; j++)
      {
        d1[i][j] = dis(node[i], node[j]);
        d1[j][i] = d1[i][j];
      }
     }
     d2[1] = 0;
     for(i = 1; i <= p; i++)
     {
       double t = INF;
       int u, v;
       for(j = 1; j <= p; j++)
       {
         if(vis[j] == 0 && d2[j] < t)
         {
```

```
        t = d2[j];
        u = j;
      }
    }
    vis[u] = 1;
    res[++cnt] = t;
    for(v = 1; v <= p; v++)
    {
      if(vis[v] == 0)
      {
        d2[v] = min(d2[v], d1[u][v]);
      }
    }
  }
  sort(res + 1, res + cnt + 1, cmp);
  printf("%.2lf", res[1 + s - 1]);
  return 0;
}
```